日経文庫
NIKKEI BUNKO

会計学入門〈第4版〉
桜井久勝

日本経済新聞出版社

まえがき

　本書は，初めて会計学を学ぼうとする人のために，会計学の入門的な基礎知識を提供しています。これまで何の予備知識のなかった人でも，独力で理解できるように心がけて解説しました。

　会計は，企業の内部の管理者に製造原価や生産性などの資料を提供する「管理会計」と，企業外部の株主や債権者に対して企業の経営成績や財政状態などの情報を提供する「財務会計」に大別されます。このうち本書は，主として財務会計について解説しています。財務会計は法律の影響を強く受けて，社会的な制度として行われますが，その背後には会計学の理論が存在します。そこで本書でも，現代の財務会計の理論と制度の両方を重視しました。

　そのような内容の初版を1996年に発行して以降，会計学をめぐる環境は著しく変化しました。日本の会計を世界標準に適合させ，透明度の高い決算報告が行われるようにするために，会計ルールの新設や改定が積極的に推し進められてきたのです。そこでこのたび本書を新しい状況にも対応した会計学の入門書にすべく，全面的な見直しを行って第4版とすることにしました。会計ルールについての本書の解説は，2015年12月末現在で確定している規則等に基づいています。

　本書は次のように構成されています。第Ⅰ章から第Ⅲ

章は，財務会計の社会的な役割や，利益計算の技術とルールなど，会計学の総論的な知識を提供しています。これをふまえて第IV章から第IX章では，損益計算書や貸借対照表の主要な項目を順次とりあげ，関連する会計理論の基礎的な考え方や，具体的な会計処理を説明します。そのうえで第X章は，会計処理の結果を1組の財務諸表にとりまとめて公開するプロセスを解説します。そして最後に第XI章で，連結経営時代の到来に対応して，連結決算の概要も説明しています。なお複式簿記の仕組みを概説した第II章を除いて，本書での説明には，仕訳のような簿記の技術をいっさい使わないようにしましたから，簿記の知識がなくても十分な理解ができるはずです。

　しかし本書は文庫版ですからページ数が限られています。したがって財務会計についての必要最小限の内容しかとりあげることができませんでした。そこで少し物足りないという人のために，各章に1つずつ［*COFFEE BREAK*］のコーナーを設け，やや高度な議論や実践的な問題などを説明しています。本書を読んで会計学に興味をもたれた読者には，上級のよりいっそう本格的な書物へと読み進んでいかれますようお勧めします。そのための出発点として本書が役に立つことを願っています。

　2014年12月

桜井久勝

会計学入門————[目次]

[Ⅰ]会計の役割————————11

1—会計とは——13

2—管理会計と財務会計——14

3—企業会計への法規制——16

4—会社法による会計——18

  (1) 債権者の保護—18

  (2) 株主の保護—20

5 金融商品取引法による会計——24

6 税法による税務会計——26

[Ⅱ]利益計算の仕組み————————29

1—企業活動の描写——31

2—複式簿記の構造——35

  (1) 仕訳帳—36

  (2) 元帳への転記—39

  (3) 決算と財務諸表の誘導—40

3—利益計算と財務諸表——42

  (1) 損益法と財産法—42

  (2) 財務諸表の体系—44

[Ⅲ]利益計算のルール————————47

1—会計基準の必要性——49

2—会計基準の設定——51

3—企業会計原則の一般原則——53

4 — 損益計算書原則——57

   (1) 現金主義会計と発生主義会計—57

   (2) 発生主義会計の基本原則—59

5 — 貸借対照表原則——62

   (1) 資産の原価と時価—62

   (2) 現行の資産評価基準—63

6 — 会計基準の国際的統合——65

[IV] 売上高と売上債権 —————————— 69

1 — 企業活動と財務諸表——71

2 — 営業循環における収益の認識——73

   (1) 販売基準—74

   (2) 生産基準—75

   (3) 回収基準—76

3 — 利益計算への影響の比較——76

4 — 収益認識基準の適用——78

   (1) 通常の販売—78

   (2) 工事契約—79

   (3) 割賦販売—80

5 — 売上債権——81

[V] 棚卸資産と売上原価 —————————— 85

1 — 棚卸資産の範囲——87

2 — 棚卸資産の取得原価——88

   (1) 購入の場合—88

   (2) 自社生産の場合—88

3 — 棚卸資産の原価配分——90

   (1) 継続記録法と棚卸計算法—90

目 次

　　(2) いろいろな原価配分方法—91

　4—棚卸資産の期末評価——96

　　(1) 棚卸減耗費—96

　　(2) 棚卸評価損—97

[VI] 固定資産と減価償却 —————— 101

　1—固定資産の範囲と区分——103

　　(1) 有形固定資産—103

　　(2) 無形固定資産—104

　　(3) 投資その他の資産—105

　2—固定資産の取得原価——105

　3—固定資産の原価配分——107

　　(1) 減価償却の目的と効果—107

　　(2) 各種の減価償却方法—109

　　(3) 固定資産の減損—113

　　(4) 除却と売却による損益—114

　4—繰延資産——115

　　(1) 繰延資産の意義—115

　　(2) 会社法上の繰延資産—116

[VII] 金融活動の資産と損益 —————— 119

　1—余剰資金の運用——121

　2—現金および預金——122

　　(1) 現金預金の範囲—122

　　(2) 現金預金の管理—123

　3—有価証券の範囲と区分——124

　4—有価証券の取得原価と期末評価——126

　　(1) 取得原価—126

⑵ 期末評価—127

5—資金運用の損益——129

[Ⅷ] 営業上の負債と他人資本————————— 131

1—負債の範囲と区分——133

2—営業上の負債——134

3—他人資本の調達に伴う負債——135

⑴ 借入金—136

⑵ 各種の社債による資金調達—136

⑶ 普通社債の発行と償還—137

⑷ 転換社債と新株予約権付社債—138

4—引当金——140

⑴ 引当金の本質と要件—140

⑵ 引当金の種類と区分表示—142

5—偶発債務——143

[Ⅸ] 資本の充実と剰余金の分配————————— 147

1—資本の意味と区分——149

2—資本金と資本剰余金——151

⑴ 会社の設立—152

⑵ 増資—153

⑶ その他資本剰余金—155

3—留保利益とその分配——156

⑴ 剰余金の配当と処分—157

⑵ 会社法の配当制限—158

⑶ 損失の処理—160

目 次

[X] 財務諸表の作成と報告─────────── 163

1─法定された会計報告書──165
　⑴ 会社法の計算書類─165
　⑵ 金融商品取引法の財務諸表─167

2─損益計算書──169
　⑴ 収益・費用の源泉別分類─169
　⑵ 利益の段階的計算─171

3─貸借対照表──172
　⑴ 流動項目と固定項目─172
　⑵ 貸借対照表の区分表示─174

4─株主資本等変動計算書──175
　⑴ 株主資本の変動─175
　⑵ 包括利益の表示─176

5─会計方針の注記──179

[XI] 連結財務諸表─────────────── 183

1─企業集団の財務報告──185
　⑴ 連結財務諸表─185
　⑵ 企業集団の構成会社─185

2─連結貸借対照表──187

3─連結損益計算書──189

4─持分法による投資損益──191

5─株主資本とキャッシュ・フローの計算書
　　　　　　　　　　　　　　　　　　──192
　⑴ 連結株主資本等変動計算書─192
　⑵ 連結キャッシュ・フロー計算書─193

資料　財務諸表の例示—196
次に読むべき本のリスト—202
用語索引—204

[COFFEE　BREAK]
企業の利益業績と株価—27
複式簿記の歴史—44
日本企業の会計基準—64
輸出と為替差損益—83
原価計算—98
リース会計—117
オフバランス取引—128
退職給付引当金—144
税効果会計—160
決算発表に対する株価の反応—178
セグメント情報—195

[I]
会計の役割

- 会計は，個人や企業の経済活動を貨幣額で測定し，その結果を関係者に伝達します。
- 企業会計には，社内の管理者のための管理会計と，株主や債権者のための財務会計があります。
- 財務会計の実務は，会社法と金融商品取引法と税法によって規制されています。
- 企業の会計報告は，利害関係の調整と，意思決定のための情報提供の役割を果たしています。

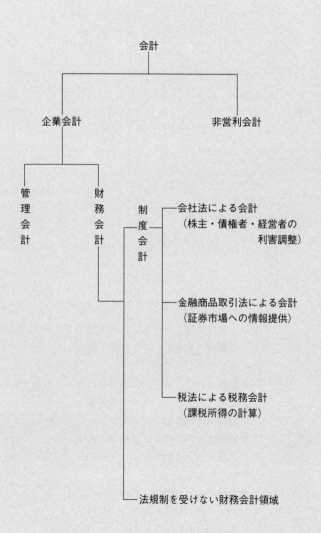

I 会計の役割

1 会計とは

　会計という言葉で，あなたは何をイメージしますか。会社の社員旅行や学生のコンパで会計係になって，会費の徴収や経費の支払を記録したことを連想する人もあれば，自分がつけている家計簿を思い出す人もあるでしょう。もしあなたがビジネスマンなら，会社の経理部の仕事や，ウェブサイトで見かける決算書を連想したかもしれません。個人で事業をしている人なら，帳簿記録をつけるのに苦労したことや，税務申告に知恵をしぼったことを思い出した人も多いと思います。

　このように会計は，わたしたちの日常生活や企業活動のさまざまな場面で広く行われていますが，すべての会計は次のような共通した役割をもっています。それは「個人や企業のような特定の経済主体の経済活動を，貨幣額などを用いて計数的に測定し，その結果を報告書にまとめて利害関係者に伝達すること」です。

　会計が対象とする経済主体は，個人でも，個人のグループでも，また会社でもかまいません。これらの経済主体は，その主たる目的が利潤追求であるか否かにより，営利組織と非営利組織に分けられます。利潤追求を目的とした営利組織は一般に企業とよばれ，小さなものは個人商店から，大きなものは証券取引所に上場されている巨大な株式会社までがこれに含まれます。そのような企業について行われるのが**企業会計**です。他方，個人の家計をはじめとして，国や地方自治体の行政機関および学校法人・宗教法人など，利潤追求を目的としない組織に

13

ついて行われる会計は**非営利会計**とよばれます。

　企業会計と非営利会計は，会計の記録を利用して金銭や物品の管理を行おうとする点で，共通の役割をもっています。たとえば社員旅行の会計は非営利会計ですが，そこでは集めた会費収入と支払った経費の記録に基づき，残っているべき金銭の額を明らかにして，金銭の紛失を予防するのに役立てられます。またこの記録は，旅行後に参加者へ会計報告をするのに使われたり，次回の旅行を計画する場合の参考資料としても利用されます。

　これに対し企業会計は，金銭や物品の管理に役立てる以外に，もう１つの重要な目的をもっています。それは営利活動を通じて得られた利益の大きさや内容を明らかにすることです。もともと企業は利潤追求を目的としていますから，その会計でも利益を計算することが最も重要になります。

2　管理会計と財務会計

　企業会計の領域は，会計の報告書を受け取る利害関係者が，企業の内部者であるか外部者であるかにより，管理会計と財務会計に分けられます。

　管理会計は，最高経営者を頂点とする企業内部の各階層の管理者のために，企業の経済活動を測定し，その結果を伝達する会計です。このことから管理会計は内部報告会計とよばれることがあります。たとえば工場の管理者は，生産コストの削減のために，製造原価の内訳や操業度などの記録を必要とします。営業所の責任者が，どの製品の販売に努力を注ぐべきかを判断したり，売価な

どの販売条件を決定するのにも，製造原価や販売費用についての情報が不可欠です。また財務の管理者には，資金繰りを円滑にしたり余剰資金をうまく運用するために，資金収支の記録が必要になります。

このように企業内部では，経営上の意思決定や計画の設定のために，また各管理者の業績評価と統制のために，会計の記録と報告書が利用されます。

これとは対照的に，**財務会計**は企業外部の利害関係者を会計報告の受け手として行う会計です。現代の企業は，多様な関係者との利害関係を伴いつつ，経済活動を営んでいます。そのような利害関係者には，出資者（株式会社の場合は株主），債権者，従業員，仕入先・顧客等の取引先，政府機関などがあります。これらの人々は，自己の利益を守り，適切な経済的意思決定を行うために，企業の動向に強い関心をもっており，企業についての情報を必要としています。

たとえば株主は，自分が出資した資金を経営者が誠実に管理・運用し，優れた経営能力を発揮して大きな利益を達成しているか否かを評価したり，株式売買の銘柄選択やタイミングを考えるために，企業の収益力や安全性に関する情報を必要としています。また企業に資金を貸し付けている銀行などの債権者は，企業が元本と利子を順調に支払ってくれるかどうかを判断するために，債務弁済能力に注目しているにちがいありません。従業員もまた，給与水準や労働条件との関係において，企業の収益力や生産性に興味をもつでしょう。さらに政府の諸機関も，税金の徴収，補助金の交付，料金規制，行政指導などのため，企業の財務内容に関心をもっています。

このように企業活動が，避けることのできない利害関係のなかで行われている以上，利害関係者との良好な関係を保って企業を維持・発展させるために，企業はこれらの人々の情報要求に積極的に応えていかなければなりません。この役割を果たすのが財務会計です。財務会計は，利害関係者が企業活動について特に強い関心をもつ側面，すなわち利益の大きさと内容や，資産・負債の状態を計数的に測定し，外部の利害関係者にこれを報告するための会計です。

　その報告には，貸借対照表および損益計算書とよばれる少なくとも2つの書面が必要とされます。また必要に応じて別の書類が追加されることもあります。追加された書類もあわせて，1組の会計報告書は**財務諸表**と名づけられています。

　本書は，企業会計のなかでも，主として財務会計をとりあげ，企業の経済活動が財務諸表という報告書に集約されて社外へ報告されるまでのプロセスと，その背後にある基礎的な会計理論を解説します。

3　企業会計への法規制

　企業の会計は当初，事業主が財貨の管理や経営活動を，計数を用いて科学的に行う目的で始まりました。そして株主や債権者への会計報告も，企業が成長のための資金調達を有利に進めようとして，自発的に行われる側面をもっています。このように企業の財務会計は，元来，法律の規制の有無にかかわらず，企業経営に不可欠なシステムとして，自然発生的に実施されるものです。

I 会計の役割

しかし経済社会において企業の影響力が増大するにつれ、企業には法律によって各種の規制が加えられるようになってきました。企業が行う会計も、その例外ではありません。とくに財務会計は、企業外部に存在する多種多様で無数の利害関係者に重大な影響を及ぼす可能性が高いため、どうしても法律の規制を受けることが多くなります。

現在、企業の会計実務に規制を加えている法律として、わが国では会社法、金融商品取引法、および法人税法の3つがあります。これらの法律制度の一環として、法規制に準拠して行われる会計を、とくに**制度会計**とよびます。制度会計はさらに、その根拠となる法律のちがいにより、次に示すように①会社法による会計、②金融商品取引法による会計、および③法人税法や所得税法による税務会計の3つに分類されます。これら3つの会計は相互に影響しあいながら結びついていることから、わが国の制度会計の体系は**トライアングル体制**とよばれることがあります。

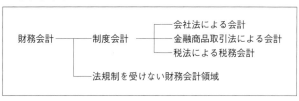

他方、制度会計以外の財務会計は、法規制を受けずに企業が自発的に実施する会計領域です。たとえば自然環境保護や地域社会貢献などの程度を計測した社会責任会計の領域がそれです。これらの会計領域は、企業が経営管理の必要から実施することもあれば、法律の枠組みを

超えた積極的な情報提供を通じて，利害関係者との良好な関係を樹立しようとして行われることもあります。このうちとくに企業資本の提供者である投資者を対象として企業が行う財務広報活動は，**インベスター・リレーションズ**（IR）とよばれています。

4 会社法による会計

⑴ 債権者の保護

　財務会計が測定対象とする経済活動の担い手である企業は，その形態面から個人企業と会社に大別されます。会社にはさらに，合名会社・合資会社・合同会社・株式会社という4つの種類があります。

　企業の形態がこのいずれであるかにかかわらず，すべての企業は「商人」として把握され，これらの商人に対しては会計帳簿と貸借対照表の作成義務が課されています。しかし商人のうちでもとくに株式会社については，会社法がその会計をよりいっそう詳しく規制しています。これは株式会社がもっている特徴のゆえに，深刻な利害対立を生じるおそれがあるからです。

　株式会社がもっている特徴のうち，とくに重要なものは，①企業の所有権を表す株式の制度と，②出資者たる株主の有限責任の制度です。この2つの特徴のおかげで，株式会社は経済活動に必要な資本の調達を有利に進めることができ，こんにちの経済社会で最も繁栄した企業形態になっています。このことは個人企業が大企業へ発展していく過程を考えれば明らかです。

　こんにち世界的に有名な巨大企業も，その大部分は，

I　会計の役割

事業主みずからが自己の資金を出資し，みずからが経営を行う個人企業として開始されています。当初，企業規模の拡大に必要な資金は，利益の再投資や血縁者・知人などからの出資によってまかなわれるとともに，銀行などの金融機関からの借入金によって調達されます。しかしこれらの方法で集められる資金額にはおのずから限界があり，多くの資金を調達しようとすれば，事業主とは人的関係のない人々からも出資を求めなければならなくなります。そのような資金調達を可能にしたのが株式会社の制度です。

　株式会社は，企業の所有権を分割して株式とし，その販売によって資金を調達するとともに，株式を購入して株主になった者に対して，利益を分配するという方式を採用します。このため，独自に事業を開始する能力や十分な資金力をもたないような人々でも，出資を通じて企業の利益の分配に参加できるようになります。しかも出資者にとっては，万一，事業が失敗して会社が倒産した場合でも自己の出資額を放棄するだけで足り，個人財産を拠出してまで会社の債務を弁済する必要がないという**有限責任制度**が採用されたため，安心して出資をすることができます。このため株式会社の制度は，人々が余剰資金を運用する新しい対象として広く普及するようになり，多数の出資者の零細な資金が企業へ集中されて，企業の飛躍的な成長を可能にしたのです。

　しかし株式会社の資本調達方式は，関係者の間に利害対立の可能性を生み出すことになりました。その1つは，株主の有限責任制度に起因する，債権者と株主の間の利害対立です。有限責任制度は，会社が倒産した場合でも，

19

債権者は株主の個人財産をあてにすることはできず，会社の財産からだけしか債権の回収をはかれないことを意味します。したがってもし株主が相談して，会社の財産を自分たちだけで分配してしまうようなことがあれば，債権者の権利は著しく害されます。

　このような会社の財産の不当な流出に対して債権者の権利を保護するには，まず会社の財産の総額を特定したうえで，これを分配不能な部分と分配可能な部分に峻別し，会社の財産の社外流出を伴うような利益配当は，分配可能な部分の範囲内でのみ行うように制限を設けなければなりません。

　これを規定したのが会社法の配当制限です。この制限を具体的に運用するため，会社法は資産および負債の範囲と評価の方法を示して純資産額を計算できるようにしたうえで，純資産額のうちの所定部分は分配不可能であると規定しています（第461条）。したがって会社法による会計の1つの機能は，配当制限を通じて，債権者と株主の利害調整をはかることにあるといえます。配当制限の詳しい仕組みは，第9章で解説します。

(2)　株主の保護

　株式会社が生み出す可能性があるもう1つの利害対立は，経営者と株主の間で生じます。これは株式の制度によって，非常に多くの人々から資金調達が行われ，出資者たる株主の人数が増えたことに原因があります。これにより株主の全員が協力して会社の経営にあたることが不可能になり，経営業務の執行を担当する一部の株主と，その他の株主の間で分化が進みました。

I 会計の役割

　この場合，経営業務を担当する株主といえども，多数決で会社を支配できるほどの比率の株式を保有しているわけではありません。またこれとは別に，大企業が競争に勝ち残っていくために，株主以外からも専門的な経営能力をもった人材が経営者に登用されることがよくあります。このような現象は「所有と経営の分離」として知られていますが，大規模な株式会社ほど，この現象が生じやすいのです。

　このような特徴を前提として，会社法は株式会社の規模や株式公開の状況に応じて，選択可能な各種の機関設計を定めています。そのうちこれまで多くの会社が採用してきた制度を示したのが次頁の図です。

　株主によって構成される「株主総会」は，最高の意思決定機関です。しかし株主総会を頻繁に開催することは能率的ではありませんし，大部分の株主は経営問題への関心やそれを処理する能力をもっていません。そこで株主総会は，会社の業務執行を決定する者として取締役を選任し，彼らが構成する「取締役会」にゆだねます。そして取締役会で選任された「代表取締役」が，取締役会での決定に基づき，会社を代表して会社の業務を執行するのです。会社の経営者とよばれるのは，代表取締役を中心としたこれらの取締役です。このようにして株主は，自己が出資した財産を取締役に任せることになりますから，取締役を監督させるために，株主総会で**監査役**を選任して監査にあたらせています。

　なお2003年以降は，監査役を廃止する代わりに，取締役会の内部に指名・報酬・監査の３つの委員会を設ける**指名委員会等設置会社**とよばれるアメリカ型の機関設計

21

を選択できるようになりました。そのような会社では，取締役会が「執行役」を選出して業務の執行を任せるとともに，執行役の監督にあたります。

また2015年には，監査役に代えて，3名以上でその過半数が社外取締役によって構成される監査等委員会だけを，取締役会の内部に設けて監査に当たらせる**監査等委員会設置会社**という第3の制度も導入されました。

会社がいずれの機関設計を採用するかにかかわらず，経営者は株主の資金を預かった受託者ですから，それを誠実に管理し，株主の最大利益に合致するよう自己の全能力を投入して経営活動を行うべき責任を負うことになります。この責任は**受託責任**とよばれます。

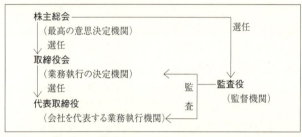

しかし経営者が受託責任を常に誠実に遂行するとは限らないことから，株主との間で利害が対立する可能性があります。経営者は株主の利益よりも自己の個人的利益を優先させるかもしれないのです。たとえば経営者は，自己の役得として過大な出張旅費や交際費を支出したり，会社の資産を私物化することがあります。また，自己の労力や精神的負担を惜しむあまり，株主にとって最善の投資プロジェクトを選択しないかもしれません。新規事業の失敗をおそれて，新しい投資機会に挑戦せず，得ら

I 会計の役割

れたはずの利益を逸失する場合などがその例です。

これら若干の例からも明らかなとおり，所有と経営が分離した大規模な株式会社にあっては，株主が経営者の誠実性に関して不信をいだく可能性が常に存在し，株主と経営者の間には利害の対立が生じるおそれが十分にあります。この利害対立を解消する1つの仕組みが，経営者から株主への会計報告です。

経営者には任期がありますから，再選をめざす経営者は株主からの信頼を得て自己の地位を確保するため，自己が株主の利益に合致するよう誠実に行動したことを株主に納得してもらわなければなりません。このため経営者は，株主から預かっている資金の管理・運用の状況と，その結果としての経営成績を自発的に報告する動機をもっています。他方，株主は経営者による資金管理の誠実性と企業経営の能力に注目しており，その判断のための基礎として，会計報告を必要とします。

この関係を前提として，会社法は取締役が貸借対照表や損益計算書などの書類を作成し，監査役の監査報告書とともに株主総会へ提出して，報告したり承認を受けるべきことを規定しています。経営者が株主に対して会計報告を行うべき責任を**会計責任**といいます。

したがって会社法の規定に基づいて行われる会計のもう1つの役割は，取締役が遂行した資金の調達と運用の現状，およびそれを利用して行われた経営成績に関する会計報告書を作成して株主へ伝達することにあります。これにより株主は，経営者の誠実性や経営能力を評価したうえで，株主総会での議決権行使を通じて，自己の財産や権利を保全できるようになるのです。

このように会社法に基づく会計は，企業をめぐる主要な利害関係者である経営者・株主・債権者の間で，潜在的に存在する相互不信や利害対立関係を解消したり調整するために役立てられています。この側面で財務会計が果たす役割を，**利害調整機能**といいます。

5　金融商品取引法による会計

近年における証券市場の発達は，株式会社の経営者・株主・債権者の間での前述のような利害関係に大きな変化をもたらしてきました。そしてこの変化により財務会計は，単なる私的利害の調整に利用されるだけでなく，経済社会全体に影響を及ぼすような，公的な機能をもつようになっています。投資者に対して，証券投資の意思決定に役立つ情報を提供して彼らを保護することにより，証券市場がその機能を円滑に遂行できるようにするという役割がそれです。財務会計に期待されるこの新しい役割は，**情報提供機能**とよばれています。

金融商品取引法に基づく会計は，まさにこの機能を果たすものです。金融商品取引法は，その株式・債券が証券取引所に上場されている会社や，不特定多数の人々に有価証券を発行して市場から多額の資金調達をしようとする会社など，一般に「公開会社」とよばれる企業に適用される法律です。

近年における証券市場の発達は，そのような公開会社の株主が経営者との利害対立関係のもとで自己の財産を保全する新しい方法を可能にし，会計報告に対する株主の需要を変化させました。株式所有が多くの人々の間に

分散して個々の株主の影響力が低下したため，株主が経営者を解任することが困難になった代わりに，株主は保有する株式を市場で転売することにより，自己の財産を容易に保全できるようになったのです。それに伴い多くの株主は，経営者の人選や経営意思決定への参加よりむしろ株式投資から得られる利益に関心をもつように変わりました。そしてこの変化が会計報告の用途を，経営者の受託責任の遂行状況を評価する目的から，投資意思決定のための情報へとシフトさせたのです。証券投資を行う人々は，すでに株式などの証券を保有している人だけでなく，これから証券を購入しようとする人も含めて，**投資者**とよばれます。

　証券市場の発達により，経済全体のなかで投資者が果たす役割は相対的に重要なものとなりました。こんにちの経済社会における主要な生産主体である企業は，生存と成長のために常に多量の資金を必要としており，その主要な部分は投資者が証券市場を通じて提供しているからです。したがって企業の資金調達を円滑にして，経済社会全体を適切に運営するためには，投資者の情報要求に応えて，彼らを証券市場において保護する必要があるのです。

　その証券市場は，証券の発行市場と流通市場に大別されます。発行市場は企業が資金調達のために証券を投資者に販売する市場であり，流通市場はひとたび発行された証券が投資者間で売買される市場です。流通市場で形成された証券価格は，その後の発行市場で新たに発行される証券の発行価格を左右して，経済全体の資金配分に重要な影響を及ぼすことになります。たとえば同じ数の

株式を発行した場合でも，株価が高い企業ほど，より多くの資金を調達できるのです。したがって投資者からの情報要求に応えることは，単なる投資者保護にとどまらず，市場メカニズムを利用した効率的な資金配分の促進にもつながることが認識されなければなりません。

そこで金融商品取引法は，上場企業を中心とする公開会社に対して，貸借対照表や損益計算書を中心とした企業情報を記載した書面を作成し，金融庁や証券取引所に届け出るとともに，会社の本店にも備え置くよう規定し，誰でも希望により閲覧できるようにしています（第5条，第24条ほか）。したがって上場企業など公開会社による財務諸表の公表は，経営者・株主・債権者の間の私的な利害調整を超えて，現在では証券市場を円滑に機能させて資金の効率的な配分を促進するという，公的な役割をも果たしているのです。

6　税法による税務会計

税金は，①個人の給与や企業の利益などの「所得」に対して課される税金，②相続税・固定資産税のように「財産」の移転や保有に対して課される税金，および③消費税・酒税のように「消費」に対して課される税金のいずれかに分類されます。このうち企業の会計と直接に関係するのが①の所得に対する課税です。

その企業が個人企業であれば，その利益は事業主の他の所得と合算され，所得税法に基づいて事業主に所得税がかかります。他方，株式会社のような会社形態の企業には，法人税法に基づく法人税が，会社に対して直接的

I 会計の役割

に課されます。所得税も法人税も、**課税所得**の額に所定の税率を乗じて計算します。この課税所得を算定するための会計が**税務会計**です。

課税所得の金額は、会社法の規定に基づいて計算された当期純利益を基礎とし、これに税法特有の調整を加えて算定されます。たとえば他の企業から受け取った配当

COFFEE BREAK

───── 企業の利益業績と株価 ─────

会計上の利益で測った企業の業績は、実際に株価に反映されているのでしょうか。下の図は、この疑問に答えるために、損益計算書の経常利益額が前年に比べて増益になった企業グループと、逆に減益になった企業グループに分けて、平均的な株価動向を調査した結果です。利益額が発表される月を月次ゼロとし、各銘柄の毎月の株価変化率から市場全体の平均株価の変化率を控除した残りが、グループ別に平均のうえ累計されています。この図から、増益企業は株価が市場平均を上回って上昇し、逆に減益企業の株価は市場平均に比べて相対的に低下していることがわかります。

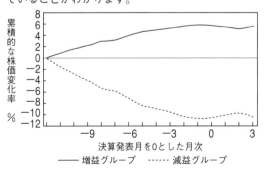

(出所) 桜井久勝『会計利益情報の有用性』千倉書房,1991年,193頁。

金は，当期純利益の計算に含められていますが，これは他の企業が課税後の利益を分配したものですから，配当を受け取った企業でこれに課税が行われると，二重課税になってしまいます。そこで法人税法は受取配当金を課税所得に含めないことにしています。

　また企業が取引先の接待などに支出した交際費は，当期純利益の計算では費用として控除されていますが，法人税法は所定の限度を超える交際費を，課税所得計算において控除できないことにしています。したがって限度超過額があれば，これを加え戻さなければなりません。これらが税法特有の調整項目の一例です。

損益計算書の当期純利益
+　税法特有の加算項目
　　（たとえば交際費の限度超過額）
−　税法特有の減算項目
　　（たとえば受取配当金）

課税所得の額

　納税者は誰でも，税金を少なくしたいものです。そのためには課税所得計算の基礎となる当期純利益の金額を，税法が認める範囲内で，できるだけ少なくなるように計算しておく必要があります。法人税法や所得税法が企業の利益計算に影響を及ぼすのはこのためです。税務会計は，財務諸表の作成と報告を目的とした会計ではありませんが，企業の利益計算に重要な影響を及ぼしますから，本書でも必要最小限の範囲で税法にも言及します。

[Ⅱ]
利益計算の仕組み

- ●企業の活動は，貸借対照表と損益計算書で描写することができます。
- ●貸借対照表は，企業の資金の調達源泉と使途を対比することにより，財政状態を表示します。
- ●損益計算書は，収益から費用を差し引いた利益により，経営成績を表示します。
- ●貸借対照表と損益計算書は，複式簿記の技術を使って作成します。
- ●利益の計算方法には，損益法と財産法があります。

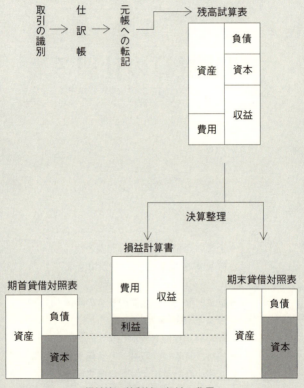

Ⅱ　利益計算の仕組み

1　企業活動の描写

　会計の最終的な生産物である財務諸表は，現実の企業活動を貨幣額を用いて把握し，これを数字の世界へ写しとったものです。したがって企業が獲得した利益も，財務諸表によって計算されます。この章では，そのような会計の利益計算の仕組みを明らかにするため，企業の経済活動が財務諸表へ要約されていく過程を，簡単な設例を用いて描写してみましょう。

　まずはじめに，企業が営む経済活動を次の3つに分類して考えてみます。①資金調達活動，②資金投下活動，および③営業活動がそれです。

　企業はまず，資本主からの出資によって成立します。それだけで資金が足りなければ，銀行などからの借入金によって，経済活動に必要な資金を準備します。資本主が出資した資金を通常，**自己資本**または単に**資本**とよびます。これに対し銀行などの債権者から調達された資金を，**他人資本**または**負債**といいます。いま，ある企業が資本主からの出資300万円によって設立されるとともに，銀行から200万円を借り入れて，合計500万円の資金を調達したとしましょう。

　次に企業はこれらの資金を投下して，経営活動を営むのに必要な**資産**を購入します。たとえば商業を営む企業であれば，まず商品を仕入れなければなりません。また製造業では設備投資を実施したり，原材料を購入する必要があります。ここではこの企業が商業を営んでおり，500万円のうち400万円の現金を投下して商品を仕入れた

31

としましょう。

　それらの資産を利用して利潤を追求するのが，日常的な営業活動です。たとえばこの企業は，１年間の営業活動の結果として，商品400万円のうち280万円分を，売価350万円で得意先に掛け売りしたとします。したがって１年間の商品売買によって70万円の利益を獲得したことになります。次の図は，これら一連の企業活動を図示したものです。ここまでの企業活動は，財務諸表でどのように描写されるのでしょうか。

資金調達	資金投下	営業活動の結果	
資本主の出資 300万円 銀行借入 200万円 合　計 500万円	現金 100万円 商　品 400万円	現　金　100万円	
		商品在庫120万円	
		売掛金	商品売却分 280万円
			利益 70万円

　上記の企業活動は，貸借対照表および損益計算書という，わずか２つの財務諸表を用いてうまく要約することができます。まず**貸借対照表**は，ある時点で，①企業が経済活動に利用している資金がどのような源泉から調達されているか（資金の調達源泉），また②その資金がどのような資産へ投下されているか（資金の運用形態）を，左右に対照表示したものです。その配列は，次頁の図が示すように，左側に企業が資金を投下している具体的な資産の内訳を示し，右側にその資金の調達源泉を記載するという構造になっています。とくに右側は，他人資本たる負債と出資者の拠出した資本に区分されています。

貸借対照表の構造

資金の運用形態	現金預金 商　　品 生産設備 などの **資　産**	借入金などの **負　債**	資金の調達源泉
		出資者が 拠出した **資　本**	

　したがって貸借対照表の項目の間には，常に次の等式が成立することになります。

　　資産＝負債＋資本

　これを**貸借対照表等式**といいます。この等式に従って，上記の企業の貸借対照表を作成すれば，資金調達時点（期首），商品仕入時点，および売上完了時点（期末）のそれぞれにおいて，次頁の図のようになります。貸借対照表は英語でバランス・シート（balance sheet，B/S）とよばれますが，それはある特定の時点でのストック項目の残高（balance）を集めて作成した1枚の紙（sheet）であるからです。このようにして貸借対照表で表される資金調達と資金投下の関係を，企業の**財政状態**とよびます。

　なお売上完了時点（期末）の貸借対照表では，利益70万円が資本金に追加される形で記載されています。これは，企業活動の結果として得られた利益が，最終的には出資者に帰属するからです。すなわち出資者に帰属する資本の金額は，1年間の営業活動の結果，期首の300万円から期末の370万円へと，70万円だけ増殖したことになります。

　そのような自己資本の増殖分の原因を明らかにするのが**損益計算書**です。この設例での利益70万円は，この企

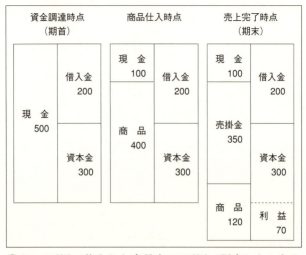

業が280万円で仕入れた商品を350万円で販売したことから生じています。すなわち引き渡した商品の原価280万円が費用となり、売上代金350万円が収益となって、両者の差額として70万円の利益が達成されたのです。次の図は、そのような費用と収益を損益計算書で左右に分けて対照表示し、差額として利益が算定される仕組みを示しています。**収益**は、営業活動によって達成された成果であり、**費用**は、その成果を得るために費やされた努力を金額的に表したものです。

損益計算書の構造				
営業活動での努力	費 用 （売上原価） 280		収 益 （売上高） 350	営業活動の成果
	利 益 70			

II 利益計算の仕組み

　それでは費用が左側で，収益が右側に表示されるのは，なぜでしょうか。この関係は貸借対照表等式から導き出すことができます。利益は資本金に追加されますから，期末の貸借対照表等式は，

　　　資産＝負債＋（資本＋利益）

として表現できます。ここで［利益＝収益－費用］ですから，これを代入すると貸借対照表等式は

　　　資産＝負債＋資本＋収益－費用

となり，費用を等式の左辺へ移項すると

　　　資産＋費用＝負債＋資本＋収益

という等式が得られます。この等式から，費用が左側であり，収益が右側であることがわかります。

　なおいうまでもなく，収益が費用より大きければ利益が得られますが，逆に費用が収益を上回ると損失が生じます。損益計算書（profit and loss statement, P/L）という名前は，利益（profit）と損失（loss）のいずれが生じたかを示す書面（statement）であることに由来します。また損益計算書で表されるような利益獲得の状態を，企業の**経営成績**とよびます。

　このようにして企業の経済活動の結果としての財政状態と経営成績は，貸借対照表および損益計算書というわずか2つの書面によって計数的に描写することができるのです。

2　複式簿記の構造

　企業の活動が単純なうちは，利益の計算や財務諸表の作成も簡単です。しかし実際の企業活動は，資産や負債

の種類がきわめて多く，また取引の反復回数も膨大ですから，利益計算や財務諸表の作成には，何らかの体系的な手段が必要になります。そのような手段として500年以上前に生まれ，こんにちまで受け継がれているのが**複式簿記**の技術です。

複式簿記は，会計の考え方を実践にうつして財務諸表を作成するための技術にすぎません。したがって複式簿記そのものが会計学であるというわけではありません。しかし技術をマスターすれば，その基礎にある会計の理論の理解も促進されます。このため本書でも，前述の設例を用いて，複式簿記の基本的な構造を単純化して説明します。

複式簿記では次の手順を経て，企業活動が財務諸表へと描写されていきます。もちろんこんにち多くの企業はこれらの作業にコンピュータを利用していますから，外見上は帳簿が存在しない場合もあります。しかし帳簿記録のシステムそのものは，コンピュータ処理のプログラムの中に引き継がれているのです。

(1) 仕訳帳：取引発生順のデータベース

簿記はまず，企業の資産や負債に影響を及ぼす出来事を，取引として識別することから始まります。前述のわれわれの設例では，①資金調達（銀行借入と資本主の拠

Ⅱ　利益計算の仕組み

出），②資金投下（商品の仕入）および③営業活動（商品
の販売）がこれにあたります。識別された取引は，それ
により影響を受ける項目と金額を明示する形で，**仕訳帳**
（しわけちょう）という帳簿に記録します。これを**仕訳**
といいます。

　仕訳は，すでに説明した次のような貸借対照表等式に
準拠して，左辺の項目と右辺の項目を組み合わせて行い
ます。

　　　資産＋費用＝負債＋資本＋収益

　資産と費用が左側に位置づけられ，負債・資本・収益
が右側に位置づけられていることに注意して下さい。

　たとえば資産は左側にありますから，仕訳の左側に資
産の名前を書けば，それは追加になるため，その資産の
増加を意味します。負債と資本は等式の右辺にあります
から，これらが増加する場合は，仕訳の右側にその名前
を書くことになります。したがって前述の①の資金調達
の取引は，資産（現金）の増加と，負債（借入金）およ
び資本（資本金）の増加をもたらしますから，仕訳は次
のように行われます。仕訳の右側の金額と左側の金額が
イコールになっていることに注意して下さい。

　①$\begin{bmatrix} 現 \quad 金 500万円 / 借 入 金 200万円 \\ / 資 本 金 300万円 \end{bmatrix}$

　次に②資金投下（商品の仕入）の取引は，現金を減少
させる一方で，商品を増加させます。現金という資産は
等式の左辺にありますから，これの減少を記録するには，
反対側すなわち仕訳の右側に現金と書けばよいのです。
左側には，増加する資産として商品が記録されます。

　②［商　　品 400万円／現　　金 400万円］

37

最後に③の営業活動の記録は少し複雑です。350万円の売上収益の達成により，代金を回収する権利（売掛金という資産）が得られます。そこで仕訳は，左側に資産（売掛金）の増加と，右側に収益（売上）の実現を記録します。これと同時に，手持ちの商品が280万円分だけ減少して，これが売上原価という費用になります。そこでこの取引は次のように仕訳されます。

③ 　　　　　 売　掛　金 350万円 ／売　　　上 350万円
　　　　　　 売上原価 280万円 ／商　　　品 280万円

要するに，仕訳を行うにはまず，資産・負債・資本・収益・費用という5つの要素に着目して，取引がこのうちのどの項目に影響を及ぼすのかを判断します。そして各項目が，貸借対照表等式の左と右のどちらに位置づけられているかに注意し，その項目の増加を記録するには，同じ側にその項目名と影響額を書けばよいし，逆に減少を記録するには，反対側にその項目名と影響額を書けばよいのです。個々の仕訳については，左側と右側の金額が合致していなければなりません。このルールに準拠して仕訳を掲載した仕訳帳の記録は，取引発生順のデータベースであるといえます。

なお仕訳は，財務諸表を作成するための不可欠な作業であると同時に，個々の取引が企業に及ぼす影響を，もれなく明瞭に識別するためのパワフルな道具でもあります。したがって本書の以下の部分で取引が説明される場合には，あわせて仕訳を考えてみて下さい。そうすることにより取引の意味がはっきりと理解されるようになるはずです。

Ⅱ　利益計算の仕組み

(2)　元帳への転記：影響項目別データベースへの組み替え

　取引発生順に記録された仕訳帳のデータは，次に，影響を受けた項目別に分類しなおされます。そのための帳簿が**元帳**（もとちょう）であり，仕訳帳のデータを元帳へうつしかえる作業を**転記**といいます。元帳には，財務諸表を構成するすべての項目について，勘定が設定されます。勘定は，その項目の名前を示す勘定科目と，左右対称の2つの欄から構成されるT字型の形式をもっています。

　次の図は，上で説明した仕訳帳の記入を，元帳の各勘定に転記した状態を示したものです。転記は，仕訳帳に記入された事項を，項目別に正確に再分類するものでなければなりません。このため仕訳の左側に記載された項目の金額は，元帳の同じ項目名の勘定の左側に同一の金額で記入する必要があります。仕訳の右側についても同様です。たとえば取引①の仕訳は，左が現金500万円ですから，元帳の現金の勘定の左側に500万円が記入されます。また仕訳の右側は借入金200万円と資本金300万円ですから，元帳の借入金の勘定の右側に200万円が記入

現　　金			借入金	
①　500	②　400			①　200

売掛金		資本金	
③　350			①　300

商　　品		売　　上	
②　400	③　280		③　350

売上原価	
③　280	

され，資本金の勘定の右側に300万円が記入されます。取引②と③についても同様にして正しく処理されていることを確認して下さい。

(3) 決算と財務諸表の誘導

　1期間中のすべての取引について，仕訳帳から元帳への転記が終了すると，元帳のすべての項目の金額を集めて**試算表**を作ります。次に示すのは，元帳の勘定ごとに左側と右側の金額を相殺したあとの残高だけを集めて作成した**残高試算表**です。

残高試算表

100	現	金	
350	売 掛	金	
120	商	品	
	借 入	金	200
	資 本	金	300
	売	上	350
280	売 上 原 価		
850	（合	計）	850

　この残高試算表が財務諸表を作成する基礎になります。しかしそれに先立って，各項目の残高の金額が決算時点での経済的事実を正しく反映しているか否かを点検しなければなりません。そしてもし必要があれば，残高試算表の金額を経済的事実と一致させるための調整を行います。そのような調整を**決算整理**といいます。

　たとえばわれわれの設例では，銀行からの借入金について，当然に金利が発生しているはずです。しかしこの利子を元金の返済時にまとめて支払うとすれば，いまだ利子の発生は会計の帳簿には記録されていません。したがって決算にあたり，次の仕訳を通じて，利子の発生の事実を記録する必要があるのです。

　　[支払利息　xxx／未払利息　xxx]

　この仕訳の左側は利子費用の発生を記録するものであり，右側は将来において金利を支払わなければならない

Ⅱ　利益計算の仕組み

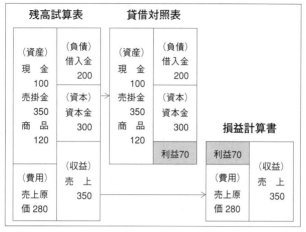

という義務を明らかにするものです。

　このような決算整理を必要とする事項は数多くあります。われわれの設例でも、もし売掛金の一部が回収できないおそれがあれば、それを減額しなければなりません。また商品の時価が下落していれば、評価額の引き下げが必要になります。しかしここでは簿記の手続きを単純化して示すため、先に述べた金利の記録も含めて、決算整理を要する事項が存在しないものと仮定します。

　このとき残高試算表を2つに分けることにより、ただちに貸借対照表と損益計算書を導き出すことができます。上の図は、その仕組みを表したものです。この貸借対照表と損益計算書が、34頁で示したものと同じであることを確認して下さい。

3 利益計算と財務諸表

(1) 損益法と財産法

　企業が営む経済活動の結果は，このような損益計算書や貸借対照表を用いて報告されますが，なかでも最も重要な報告事項は当期の利益額です。次の図は，そのような利益額が財務諸表のなかで計算される仕組みを，これまでの設例を用いて図示しています。

　この図は，設例の企業が，期首に保有していた300万円の資本金を元本として経済活動を開始し，1年間に280万円の費用を費やして，売上収益350万円を獲得し，結果として得られた当期純利益70万円が最終的に資本主に帰属して，期末の資本が370万円に増殖したことを表しています。この図から，当期純利益の計算には，次の2つの方法があることがわかります。

　1つは損益計算書が示すように，収益と費用の差額として利益額を計算する方法です。この利益計算の方法を損益法といいます。いま1つは，期首と期末の貸借対照

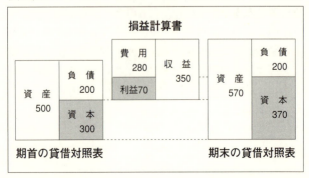

Ⅱ　利益計算の仕組み

表を比較することにより，資本の増殖分として利益額を計算する方法です。これを財産法とよびます。

まず**損益法**は，次式のように，資本を増加させる原因となる収益から，資本の減少をもたらす費用を控除する形で利益を算定する方法です。

収益350万円－費用280万円＝当期純利益70万円
………収益の超過分

この等式を損益法等式といいます。設例のように，収益が費用を超過していれば当期純利益が計算され，逆に費用が収益より大きければ，その差額は当期純損失となります。損益法による利益計算は，単に利益額を算定するだけでなく，収益と費用の内訳表示を通じて，利益の発生源泉をも明らかにすることができます。ただし損益法の計算では，利益の裏づけとなる純財産の状況は示されません。

1期間の利益額を，純財産の裏づけを伴って計算する方法が，**財産法**です。すなわち財産法は，貸借対照表に基づいて［資産－負債］として計算される資本の額を，期首と期末の間で次式のように比較し，1期間における資本の増殖分をもって当期純利益を計算する方法です。

期末資本370万円－期首資本300万円＝当期純利益70万円
………資本の増殖分

この等式を，財産法等式といいます。期首資本に比べて期末資本が増加していれば，その増殖分が当期純利益となり，減少していれば減少分が当期純損失となります。財産法の利益は，純財産の増殖分として計算されていますから，財産的な裏づけを伴った数値としての特徴をもっています。しかしその反面，損益計算書によって明

43

示されるような利益の発生源泉は明らかではありません。

　したがって1期間の利益額を，その発生の源泉を明らかにするとともに，純財産の裏づけを伴った金額として算定するには，損益計算書に示された損益法のアプローチと，貸借対照表を基礎とする財産法のアプローチの両方が必要です。損益計算書と貸借対照表の2つが，利益額の決定に不可欠な**基本財務諸表**とよばれるのはこのためであり，これら2つの財務諸表は相互補完的な関係にあります。

(2) 財務諸表の体系

　このようにして企業の経済活動は，損益計算書および貸借対照表という，わずか2つの書面によって計数的に描写することができます。とくに個人企業の場合は，損

COFFEE BREAK

―――――― 複式簿記の歴史 ――――――

　現在，世界中で用いられている複式簿記は，13〜14世紀の間に，地中海を舞台とする海上商業で栄えていたイタリア商人の実務のなかから徐々に生成し，15世紀には体系的な技術へと発展しました。1494年にベネチアのルカ・パチョーリという数学者が数学の一部として出版した書物が，現在のところ知られている世界最古の簿記書です。その後，イタリア商人の活動により複式簿記はヨーロッパ各地に伝わり，イギリスからアメリカを経て，日本には明治の初期に導入されました。このように複式簿記の技術は，企業活動の成果を測定するために人類が数百年にわたり利用し続けてきた共有財産であり，もし複式簿記がなければ資本主義はこれほど発展しなかっただろうといわれるほどです。

益計算書で算定された当期純利益の全体がただちに資本主に帰属して，貸借対照表の資本金を増殖させることになります。したがって財務諸表は，この2つだけで十分です。

しかし株式会社の場合は，これら2つの書面のほかに，純資産の内訳とその期中変動を示す書面が，第3の財務諸表として作成されます。これは株式会社では，純資産のうち配当として分配が可能な部分と，分配してはならない部分が区別されているため，内訳の変動を明確に把握する必要があるからです。このために作成される第3の財務諸表は**株主資本等変動計算書**と名づけられています。株主への配当金の支払によって純資産が減少した事実は，この計算書に記載されます。

このほかにも，企業の実態や重要項目の詳細な内訳明細などを報告するために，必要に応じて補足的な会計書類が追加されます。次の図は，そのような財務諸表の体系を示したものです。

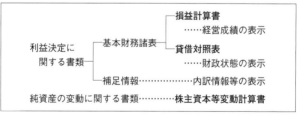

株式会社の3つの財務諸表は，次頁の図のような関係にあります。まず期首の貸借対照表は，その時点での資金調達と資金投下の状態を対照表示しています。また損益計算書では，期首から期末にいたる期間中の営業活動等から得られた利益が算定されます。その当期純利益に

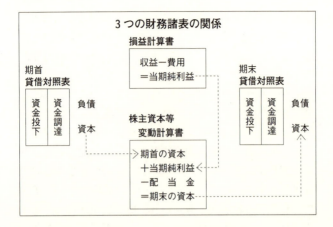

よって資本は増加し，株主への配当金によって資本は減少します。その結果としての期末の資本を含めて，再び期末時点で資金の調達と投下の状態を表示した貸借対照表が作成されるのです。株式会社の会計報告に用いられるのは，そのような期末の貸借対照表と，期末までの1年間における損益計算書，および株主資本等変動計算書です。

[Ⅲ]
利益計算のルール

- むやみな利益操作が行われないように，会計基準が設定されています。
- わが国の主要な会計基準は「企業会計原則」や「企業会計基準」です。
- 利益計算の方法は，現金主義会計から発生主義会計へ進化してきました。
- 発生主義会計は，対応原則・発生原則・実現原則の3つによって支えられています。
- 金融資産は時価で評価され，事業用資産は取得原価で評価されています。

会計基準がなければ・・・

利益捻出
（有利な資金調達や
経営者の保身のため）

利益圧縮
（節税や交渉を有利
に進めるため）

財務諸表が信頼性を失うおそれ

社会的規範として会計基準を設定

企業会計原則

一般原則
①真実性
②正規の簿記
③資本と利益の区別
④明瞭性
⑤継続性
⑥保守主義
⑦単一性
○重要性

損益計算書原則
発生主義会計による利益測定
①対応原則
②発生原則
③実現原則

貸借対照表原則
資産評価基準が重要
○金融資産は時価評価
○事業用資産は原価評価が原則
　　必要により強制的評価減
　　棚卸資産は低価基準

Ⅲ　利益計算のルール

1　会計基準の必要性

　企業の財務諸表が，本書の第1章で検討したような役割を十分に果たすには，それらが適切に作成されていることが前提となります。企業の社会的な影響力が大きくなっている現代では，不適切な財務諸表の作成と公開から生じる経済的な影響もまた，非常に大きいのです。しかし財務諸表の作成に際しては，多くの場面で恣意的な判断や会計処理を通じて，**利益操作**が行われるおそれがあります。経営者が利益操作を行う動機はさまざまですが，ここでは利益捻出と利益圧縮の場合に分けて，その代表的な動機を考えてみましょう。

　利益捻出の最大の動機は，財務諸表に十分な利益を計上して，企業活動に必要な資金の調達を容易にすることです。たとえば業績が良好な企業ほどその株価も上昇するでしょうから，株式を発行して資金調達を行う場合，同じ数の株式を発行したとしても，株価が高い企業ほど多くの資金を調達することができます。また業績が良好であれば，銀行からの借入も有利に進めることができるはずです。

　これとは別に，経営者は個人的な動機から利益捻出を行う場合もあります。たとえば経営者が自己の地位を維持するには，株主総会で株主から支持をとりつけなければなりません。それには自己の優れた経営能力をアピールするために損益計算書に十分な利益を計上したり，所定の配当を可能にするだけの利益額を確保する必要があります。また自己の給与や役員賞与が会計上の利益額を

49

基準にして決定される傾向が強ければ，経営者は報酬増加という個人的な目的から利益捻出の動機をもつこともあるでしょう。

逆に，経営者が**利益圧縮**を行う最大の動機は，税金の節約です。これは税法が多くの費用項目について，それを課税所得の計算において損金として控除するには，会社法上の損益計算書でその額が費用として計上されていなければならないこととしているからです。したがって経営者は納税額を減少させる目的で，税法の許容する範囲内でできるだけ多くの費用を計上するという形で，利益圧縮を行います。

このほか企業は，利害関係者との交渉や取引を有利に進めるため，利益圧縮を試みることがあります。たとえば経営成績が良好になると，得意先からの値下げ要求，仕入先からの値上げ要求，株主からの増配要求，従業員からの賃上げ要求などを受けやすくなります。また電力や交通などの公益企業では，業績好調時に料金値上げを申請しても認可されませんし，政府が交付する補助金も，業績が十分に良好になれば，打ち切られることがあります。このような影響を懸念する経営者は，業績が過度に良好な年度には，損益計算書上の利益額を圧縮する動機をもつことになるでしょう。

もし企業の利益計算について何のルールもなければ，このような動機による利益捻出や利益圧縮が，無秩序に行われるおそれがあります。そうなれば企業の財務諸表は，経営者・株主・債権者の間の利害調整や証券市場への情報提供の機能を果たさなくなってしまいます。このため財務諸表の作成と公表に際して準拠されるべき社会

的な規範を設定し，経営者の行う会計処理に一定の規制を加えることが必要になるのです。

そのような社会的な規範として形成されてきたものが，**会計基準**です。これらの基準は，公正妥当なものとして社会的な承認を得ているという意味で，「一般に認められた会計原則」とか「一般に公正妥当と認められる企業会計の基準」とよばれています。

2 会計基準の設定

「一般に認められた会計原則」を設定する試みは，各国の経済的・社会的な背景の差によって多様ですが，最も本格的な動きはアメリカで1930年代に始まりました。これは1920年代後半のニューヨーク株式市場におけるバブル的な株価上昇と，それに続く1929年の株価大暴落によって，投資者に莫大な損失が生じ，証券市場が崩壊したことに起因します。

この大恐慌によってアメリカでは，公正な株価形成を促進して投資者保護と証券市場の円滑な運営を確保するには，適正な財務諸表を通じた企業情報の公開が何よりも重要であることが認識されるようになりました。そしてそのような情報公開制度の一環として企業の財務諸表には公認会計士による監査が強制されることになり，その監査で会計士が企業の会計処理の適否を判断する場合の根拠として，会計基準が必要になってきたのです。

日本における会計基準の設定もまた，第1次大戦後の経済不況を克服するための産業合理化を目的として，1930年代に始まりました。しかしやがて戦時経済体制に

51

入るにつれて，政府による軍需品の買い上げ価格を決定する基礎資料の作成を目的とした会計基準が制定されるようになっていきました。

アメリカのような投資者保護を目的とする財務諸表の公開制度の一環として会計基準が制定されるようになったのは，第2次大戦後のことです。1949年に当時の経済安定本部・企業会計制度対策調査会（現在の金融庁・企業会計審議会の前身）がアメリカの会計基準を参考にして制定した「**企業会計原則**」が，わが国で最初の本格的な会計基準です。この会計基準は，その前文にも明示されているとおり，戦後の経済再建を目的として，外資の導入，企業の合理化，課税の公正化，証券投資の民主化，産業金融の適正化などを促進できるように，企業会計制度の改善と統一をめざして作成されたものです。

企業会計原則を管轄する**企業会計審議会**は，その後も必要に応じて改正を行うとともに，これを補足する各種の基準や意見書を公表してきました。それらのうち重要なものとしては，製造業を営む企業が製品の原価などを計算する場合の基準としての「原価計算基準」，外貨で契約された輸出入取引などを日本円に換算する方法を定めた「外貨建取引等会計処理基準」などがあります。

なお，近年の国際動向によれば，会計基準は政府の機関ではなく民間団体が設定すべきであるとの意見が強くなってきました。そこでわが国でも，そのような組織として**企業会計基準委員会**が2001年に設立され，「企業会計基準第○号」という名称で，次々と新しい会計基準の設定と公表を行っています。なかでも，企業集団全体の財務諸表の作成時に適用される「連結財務諸表に関する

Ⅲ　利益計算のルール

会計基準」は重要です。

3　企業会計原則の一般原則

　わが国の「企業会計原則」は，一般原則，損益計算書原則，および貸借対照表原則という3つの部分から構成されています。このうち一般原則は，企業会計の全般にかかわる基本的なルール，あるいは損益計算書と貸借対照表の両方に共通するルールを示したものです。企業会計原則が掲げる一般原則は次の7つです。

　①真実性の原則は「企業会計は，企業の財政状態及び経営成績に関して，真実な報告を提供するものでなければならない」とする原則です。この原則がいう真実とは，決して絶対的な真実ではなく，会計基準の遵守によって達成される相対的な真実を意味します。すなわち一般に公正妥当と認められる会計基準に従って会計処理が行われるとき，その結果は真実なものと見なされるのです。なお真実性の原則に反する虚偽記載のうち，架空利益を計上する行為を**粉飾決算**といい，逆に利益を隠蔽した場合を逆粉飾決算といいますが，いずれも社会的に許されない行為です。

　②正規の簿記の原則は「企業会計は，すべての取引につき，正規の簿記の原則に従って，正確な会計帳簿を作成しなければならない」とする原則です。したがって企業はまず，発生したすべての取引を，事実や証拠に基づいて，継続的・組織的に記録することによって会計帳簿を作成したうえで，帳簿記録から誘導する方法で財務諸表を作成しなければなりません。この目的のために最も

53

適合した帳簿記録の方法は，第2章で解説した複式簿記の技術です。

③資本と利益の区別の原則は「資本取引と損益取引とを明瞭に区別し，特に資本剰余金と利益剰余金とを混同してはならない」とする原則です。ここに**損益取引**とは，企業が利益の獲得をめざして行う取引のことであり，利益が獲得されれば企業の純資産も間接的に増加することは第2章で説明したとおりです。

他方，企業の純資産は，たとえば出資者による追加出資など，企業の純資産を直接的に変化させることを目的として行われる**資本取引**によっても変化します。しかし資本取引により企業の純資産が増加しても，それは利益の獲得を意味してはいません。したがって正しい期間利益の金額は，損益取引から生じた純財産の増加分だけに限定されるべきであり，資本取引による純財産の増加分を利益に混入させてはならないとするのが，この原則の趣旨です。

もし資本取引と損益取引が混同された結果，資本として取り扱うべき額が利益に混入されると，算出された利益額が正しくないだけでなく，資本の一部が課税や配当によって社外に流出し，企業活動に必要な資本が維持できなくなってしまいます。

④明瞭性の原則は「企業会計は，財務諸表によって，利害関係者に対し必要な会計事実を明瞭に表示し，企業の状況に関する判断を誤らせないようにしなければならない」とする原則です。とくに法律の規制を受ける財務諸表の様式や用語については，企業がその表示に際して守るべき規則が定められています。会社法に基づく計算

Ⅲ　利益計算のルール

書類の表示の規定を含む「**会社計算規則**」や，金融商品
取引法に基づく財務諸表の表示に関する「**財務諸表規則**」
などがそれです。これらの規則は，財務諸表が必要な事
実を明瞭に表示しているか否かについて，監査人が判断
を行う場合の基準としても用いられています。

　⑤**継続性の原則**は「企業会計は，その処理の原則及び
手続を毎期継続して適用し，みだりにこれを変更しては
ならない」とする原則です。この原則の背後には，１つ
の取引や経済的事実について，複数の会計処理方法が認
められており（この詳細は本書の以下の各章で説明），
企業はそれらの方法のなかから任意の方法を選択できる
という現状があります。このため企業が年度によって会
計処理方法を変更する可能性が生じてきます。しかしそ
のような変更が無制限に行われると，経営者がそれを利
益操作の手段として濫用するおそれがあるだけでなく，
財務諸表を期間相互に比較して利益の趨勢などを観察す
ることがきわめて困難になってしまいます。そこで，企
業がいったん採用した会計処理方法を各期間を通じて継
続して適用するよう要求するのがこの原則です。

　⑥**保守主義の原則**は「企業の財政に不利な影響を及ぼ
す可能性がある場合には，これに備えて適当に健全な会
計処理をしなければならない」とする原則です。資本主
義経済では，企業に生じた損失はその企業みずからが負
担し吸収しなければなりません。したがって企業は，各
期の利益を多少とも控え目に計上して，純資産を帳簿金
額よりも充実させることにより，そのような将来の危険
に備えておく必要があるのです。しかし保守的な会計処
理は，それが過度になると経済的事実が反映されなくな

55

りますから，一般に公正妥当と認められた会計基準の範囲内においてのみ是認されるものです。

⑦**単一性の原則**は「株主総会提出のため，信用目的のため，租税目的のため等種々の目的のために異なる形式の財務諸表を作成する必要がある場合，それらの内容は，信頼しうる会計記録に基づいて作成されたものであって，政策の考慮のために事実の真実な表示をゆがめてはならない」とする原則です。

企業は通常，株主総会への提出や，銀行融資の獲得などの信用目的で作成する財務諸表には，できるだけ多くの利益を計上し，逆に税務申告目的のためには，利益を少なく計上したいと望みます。このような矛盾する要請に応えるには，いわゆる二重帳簿を作らざるをえませんが，そのような不正は許されません。単一性の原則は，財務諸表の形式的な多様性を認めつつ，実質的な一元性を要求するものです。

なお最後に，企業会計原則の一般原則のなかでは独立の原則として明示されていませんが，実務で頻繁に適用されるものとして，**重要性の原則**があります。この原則は，ある項目が性質や金額の大小からみて重要性が乏しいと判断される場合には，理論的に厳格な会計処理や表示の方法によらず，事務上の経済性を優先させた簡便な方法を採用することが是認されるというものです。たとえば消耗品のうち重要性が乏しいものは，買入時にただちに費用として処理することができ，期末にそれらの現物が未使用の状態で残っていても，これを貸借対照表に資産として計上しなくてもよいというのがその一例です。

Ⅲ　利益計算のルール

4　損益計算書原則

(1)　現金主義会計と発生主義会計

　企業会計原則は，一般原則に続いて，損益計算書に関連する会計処理と表示の諸原則を「損益計算書原則」として規定しています。損益計算書原則の中心は，発生主義会計とよばれる利益計算方法が規定されていることです。損益計算書で［収益－費用＝利益］という損益法等式に従って利益を計算する場合の重要な問題は，連続して生じる個々の収益と費用の項目をどの時点で計上するかを決定することです。これについては現金主義会計および発生主義会計という2通りの方式があります。

　現金主義会計は，収益と費用を，それぞれに関連する現金収入と現金支出が生じた時点で計上する利益計算方法です。たとえば商品販売やサービス提供からの収益は，その代金としての現金を顧客から受け取った時点で計上されます。また費用は，商品仕入や給与支払などのために現金を支出した時点で計上されるのです。

　このような現金主義会計の利益計算を例示するために，第2章での取引例を思い出して下さい。企業が当期に400万円の現金を支払って仕入れた商品のうち，280万円分を売価350万円で得意先に掛け売りしたという取引です。売掛金は次期に現金で回収されるものとします。この取引を現金主義会計で処理した場合の結果は，次のとおりです。

| 商品売上の収入 | 0 |
| 商品仕入の支出 | 400万円 |

利益　△400万円

　現金主義会計の収益は，現金収入の時点で認識されますから，掛売上の時点ではいまだ計上されません。他方，費用は現金支出の時点で認識されますから，商品仕入のための現金支出額400万円が費用となります。この結果，当期には400万円の損失が計上されてきますが，この利益計算が非現実的であることは改めて指摘するまでもないでしょう。

　まず収益の計上時点が不必要に遅らされている点が問題です。経営活動の成果を適切に把握するには，収益の計上を代金回収時点まで遅らせるのではなく，販売時点で計上することが不可欠です。また成果と努力の対応づけが適切に行われていない点も問題です。商品仕入による支出の全額が費用として計上されているのに，商品販売の収益がまったく計上されていないのです。

　現金主義会計がもつこれらの欠陥を除去するために発達してきたのが，**発生主義会計**です。発生主義会計のもとでは，収益は現金収入の時点とは無関係に，経営活動の成果と関連する重要な事実が生じた時点で計上されます。ここに重要な事実とは一般に，販売取引の成立に伴う商品の引き渡しやサービスの提供をいいます。他方，費用もまた現金支出の時点とは無関係に，経営活動の過程において，収益の獲得のために財貨やサービスを消費した時点で計上されます。前述の取引例を，発生主義会計で処理すれば次のとおりです。

売上収益	350万円	
売上原価	280万円	
利益	70万円	

まず商品の引き渡しの事実に基づいて売価により350万円の収益が計上されます。次にこの収益の獲得のために払い出された商品在庫280万円が，売上収益に対応する売上原価として，商品の引き渡し時点で費用に計上されています。

現金主義会計に比べて発生主義会計の利益が，当期の経営成績をよりいっそう適切に測定していることは明らかです。売上収益が当期の経営活動の成果を正確に反映しているだけでなく，費用が経済的価値の消費の事実に基づいて，収益とよりいっそう厳密に対応づけられているのです。

(2) 発生主義会計の基本原則

上で例示した発生主義会計の利益計算は，対応原則・発生原則および実現原則という3つの基本原則に支えられています。

①対応原則

現金主義会計と比べた場合の，発生主義会計の最大の長所は，経済活動の成果を表す収益と，それを得るために費やされた犠牲としての費用を，厳密に対応づけることを通じて，各会計期間の経営成績をよりいっそう適切に測定するようになる点です。この利益計算の基礎をなすのが**対応原則**です。

収益と費用の対応関係を認識する仕方には，大別して2つの方式があります。1つは，製品の売上高とその売

上原価のように，特定の財貨を媒介として収益と費用の対応関係を直接的に認識する方式です。この方式を**個別的対応**といいます。これは最も厳密な対応づけの方式ですが，広告宣伝費・賃借料・支払利息のような多くの費用項目については，売上高や受取利息などの収益との間に，財貨を媒介とした対応関係を識別することは困難です。そのため第2の対応方式として，同一期間に計上された収益と費用は，それらがその期間の経済活動を通じて対応しているものと考え，会計期間を媒介とした対応関係が認識されることになります。この方式を**期間的対応**といいます。

　②**発生原則**

　次に**発生原則**は，発生主義会計を支える最も基本的な原則です。この原則のもとでは，収益と費用の計上は，現金収支の事実によってではなく，それらの収益や費用の「発生の事実」に基づいて行われなければなりません。ここで発生の事実とは，企業活動に伴う経済的価値の生成や消費を表すような事実を意味します。

　発生原則に基づく収益・費用の認識の典型例として，1年目の期首に貸し付けた資金を2年目の期末に利子を含めて返済してもらうという取引を考えてみましょう。発生原則が指示するように，金利という経済的価値の生成や消費の事実に基づいてこの取引を会計処理するには，貸し手側は1年目の決算日に，たとえまだ利子を回収していなくても，1年分の利子を収益として計上しなければなりません。また借り手側も，まだ支払っていない1年分の利子を費用に計上する必要があります。

　このほかにも発生原則は，経済的事実を正確に反映し

Ⅲ　利益計算のルール

た利益測定を行うために，重要な機能を果たしています。たとえば生産設備の使用による経済的価値の消費を反映して，減価償却が行われたり，仕入れた商品の原価のうち，企業外部への販売によって消費された部分だけが売上原価として費用に計上されるのも，発生原則の適用結果です。

　しかしすべての収益・費用の認識に際して，発生原則だけが全面的に適用されるわけではありません。通常の製品の販売に関する収益の認識については，発生原則だけではなく，次に述べる実現原則の制約も受けることになります。

　③実現原則

　さてその収益は，企業活動によって生み出される経済的価値を意味しますから，たとえば製造企業では生産プロセスの進行に伴って，経済的価値が徐々に発生していきます。したがって発生原則を厳密に適用すれば，このような生産プロセスの進行によって新たな価値が発生するつど収益を計上すべきことになります。しかしこの方法は実行不可能であるだけでなく，不確実な販売可能性に基づく主観的な金額で収益が認識されるという問題を生じます。生産が完了して製品が完成しても，そのすべてが予定した価格で売れるとは限らないからです。

　上述の資金の貸借の場合は，すでに一定の契約が締結されていますから，不確実性や主観性の問題はありません。しかし通常の製品の販売については，生産活動により新たな経済的価値が発生したという事実だけで収益を認識するのは適当ではありません。このため通常の販売に関しては，収益計上の確実性や客観性を確保するため

61

に，製品やサービスが実際に市場で取引されるまで，収益の認識を延期するのです。これが収益の認識に関する**実現原則**です。

5 貸借対照表原則

(1) 資産の原価と時価

企業会計原則の最後に位置するのが「貸借対照表原則」です。貸借対照表については，資産や負債の金額をどう決定するかという重要な問題があります。このうち借入金などの負債項目の多くは，契約によって金額が特定されていますから，その評価が問題になることはまれです。また資本の金額も［資産－負債］として自動的に決定されます。したがって評価で問題になるのは，主として資産の項目です。なかでも焦点は，その資産を購入した時の価格と，現在の時価のいずれによって資産を評価するかという問題です。

企業が過去にその資産を取得した時点での価格を基礎とする評価額を**取得原価**といいます。これに対して現在の時価には，買う場合の時価を基礎とする取替原価と，売る場合の時価を基礎とする正味売却価額の2種類があります。**取替原価**は，企業が現に保有するのと同じ資産を現在の購入市場で再び取得するのに必要な支出額です。他方，**正味売却価額**は**純実現可能価額**ともよばれ，手もちの資産を販売市場で売却する場合の時価から，販売に要する付随費用を控除した金額のことです。

このうち取得原価は，過去の契約書や支払記録などの証拠に基づいて客観的に測定できるという長所をもって

います。また支払額を基礎とした資産評価は，株主や債権者から受け入れた資金のてん末を明らかにしている点で，受託責任や会計責任の明示にも役立ちます。さらに取得原価で資産が評価されると，その資産が販売されるまで収益は計上されませんから，これは収益の認識に関する実現原則とも首尾一貫しています。

　しかしその反面で，資産の保有中に価格が変化しても資産の金額は変更されませんから，貸借対照表に記載される資産の金額が時価からかけ離れた数字になりがちです。とくにバブルの崩壊の過程で多くの企業が経験したように，時価が取得原価を下回るとき，この欠陥は深刻な問題になります。

　他方，取替原価や正味売却価額という時価評価の基準を適用すれば，貸借対照表の資産の金額は常に決算日現在の市場価格を反映するようになります。しかし市場が存在しない中古資産のように，資産のなかには時価の推定が困難な項目が多数あり，それらの評価がしばしば主観的になりやすいという問題があります。

(2) 現行の資産評価基準

　金融資産の代表は，企業が余剰資金の運用として利殖のために保有している有価証券ですが，これらは市場で売却する場合の**時価**で評価されます。金融資産の顕著な特徴は，誰にとっても時価に等しいだけの価値を有しており，事業の遂行に影響することなく時価での容易な売却が可能なことです。また市場での売却以外に，投資の目的を達成する方法はありません。したがって利殖目的で保有する金融資産は，市場価格を中心とした時価で評

価するのが適切です。そのような時価は**公正価値**とも呼ばれます。

　他方，**事業用資産**とは生産や販売を中心とした企業本来の事業目的のために保有されている商品・原材料・機械装置などです。これらの項目には原則として**原価基準**が適用され，取得原価による評価が行われます。

　事業用資産は，もともと時価変動による利益獲得を目的にして保有されているわけではないし，転売してしまえば事業活動に大きな支障をきたします。しかも事業用資産の価値は，誰がどんな目的で保有するかによって異

COFFEE BREAK

────────── 日本企業の会計基準 ──────────

　日本企業が，法律上で独立している個々の会社に関する個別財務諸表を作成する場合は，日本の会計基準が採用されます。これに対し，金融商品取引法のもとで，子会社なども含めた企業集団全体に関する連結財務諸表を作成するための会計基準としては，現在のところ次の3つが採用されています。①日本の会計基準（52頁参照），②ニューヨークに上場する企業などが採用するアメリカの会計基準，および③国際会計基準がそれです。会社数からみれば①日本基準を採用する企業が大多数ですが，2015年11月末現在で，②はソニー，NTT，トヨタ自動車，京セラなど27社が採用し，③は住友商事，ソフトバンク，武田薬品工業，富士通など71社が採用しています。このほか，国際会計基準のうち日本の会計基準と大きく異なり，その影響が大きい部分について，日本の会計基準に合わせて国際会計基準を修正した「修正国際基準」が，第4の選択肢として制定され，2016年3月期から適用可能になっています。

Ⅲ 利益計算のルール

なっており，金融資産のように単一ではありません。さらに重要なことには，そのような価値を見込んで企業がその資産を保有していても，それは期待にすぎず，必ずしも期待どおりの価値が達成される保証はありません。このような特徴を考えると，事業用資産は，それを利用して生産した製品などが市場で販売され，企業の意図した価値が実現するまでは，取得原価で評価しておくのが合理的です。

6 会計基準の国際的統合

　日本国内で社会的な承認を得ている会計基準の概要は前述のとおりですが，こんにちのグローバル化した経済に対応するため，会計基準の国際的な統合も積極的に推進されつつあります。会計基準が国ごとに異なると，投資者による外国企業への証券投資や，企業による外国での資金調達の妨げになるからです。

　たとえば日本企業が外国の証券市場に上場して資金調達しようとすれば，その外国の会計基準に準拠した財務諸表の公表を求められる場合があります。他方，ある国の投資者が外国企業の有価証券を売買するため，その外国企業の財務諸表を入手して分析しようとしても，作成の基礎となった会計基準が異なれば，自国企業との有意義な比較評価は困難です。このため約40年前から，会計基準を国際的に統合するための努力が続けられてきました。

　その努力は，主要国の公認会計士の団体が集結して**「国際会計基準（IAS)」**を制定する試みとして開始され

65

ましたが，後に会計士団体とは独立の国際会計基準審議会という組織がこれを継承し，「**国際財務報告基準（IFRS）**」という名称で会計基準の制定を継続しています。この結果，現在ではこれら両方の基準を総称して，国際会計基準と呼んでいます。

　この国際会計基準はEU諸国によっていち早く採用され，EU域内の企業が上場や資金調達のために企業集団全体について連結財務諸表を公表する場合は，国際会計基準に準拠したものを作成するよう，2005年から強制されてきました。アメリカは，外国企業がアメリカ国内での上場や資金調達のために公表する書類として，アメリカ基準はもちろんのこと，国際会計基準に準拠した連結財務諸表も2007年から認めています。日本でも2009年4月以降に開始する年度から，日本企業が国際会計基準に基づいて作成した連結財務諸表が，金融商品取引法による書類として認められるようになりました。

　このように会計基準の国際的統合は，資本の国際的な流通を促進する目的で，主として連結財務諸表の作成のために必要とされます。これに対し，日本の会社法の配当制限や法人税法の課税所得計算は，個別財務諸表を基礎としています。したがって日本企業の個別財務諸表は日本の会計基準に準拠して作成されています。

　しかし国際会計基準の重要性は，連結財務諸表を作成する場合だけにとどまりません。なぜならば個別財務諸表を作成する場合に適用される日本の会計基準を制定したり改正する時には，日本基準が国際基準から大きく異ならないようにするために，国際会計基準の考え方や規定の内容が，可能な限り日本の会計基準にも取り入れら

III　利益計算のルール

れているからです。

　本書の以下のいくつかの箇所でも，そのような国際会計基準の影響を受けて，日本基準が改正されたことが指摘されています。この傾向は今後も続くと思われますので，国際会計基準の動向を知っておくことが重要です。

[Ⅳ]
売上高と売上債権

- 売上収益は，商品などの販売時点で計上するのが，実現原則に基づく基本的な会計処理です。
- 受注した工事契約では，工事の進行度合に比例して，収益を生産段階から計上することができます。
- 割賦販売では代金の回収時点まで，収益の計上を遅らせることができます。
- 売掛金と受取手形を売上債権といい，回収不能分を見積もって貸倒引当金を設定します。

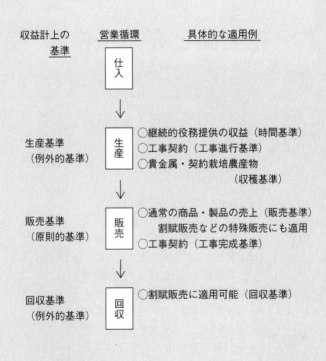

IV 売上高と売上債権

1 企業活動と財務諸表

これまでの3つの章では，会計学の総論的な問題を説明しましたので，ここからは財務諸表の重要項目を順にとりあげて，各論的な解説を行います。それに先立って，これからの各章の位置づけを，企業活動の大まかな枠組みと関連づけて明らかにしておきましょう。まず次頁の図を，上から下へ見て下さい。

企業活動の開始時の貸借対照表は，銀行借入などの負債や，事業主の拠出資本として調達された資金が，現金の形で保有されている状態を示しています。この現金を支出して企業の営利活動が始まります。支出額はまず，商品や機械などの購入に使われて資産の取得原価になる部分と，広告費や利子として支払われて期間費用になる部分に大別されます。資産にはさまざまな項目が含まれますが，本書では，①商品や原材料などの棚卸資産，②機械や建物などの固定資産，③企業が余裕資金を運用する対象となる預金や株式などの金融活動の資産という3項目をとりあげて説明します。

これらの資産のうち，売上収益の獲得のために使用された部分は，費用になります。たとえば商品の売上原価や建物の減価償却費がそれです。資産の取得原価を使用済みの部分と未使用の部分に分ける作業を**原価配分**（または**費用配分**）とよびます。資産の種類別の原価配分の手法は，以下の関連する各章で解説します。他方，資産の未使用部分については，決算時に期末評価が行われます。したがって時価の下落などの理由で価値が低下して

71

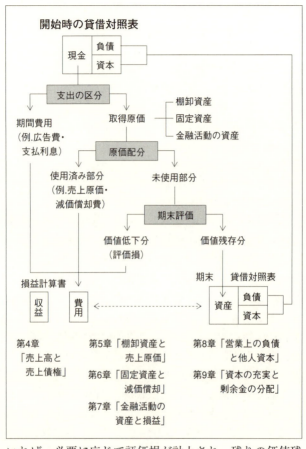

いれば、必要に応じて評価損が計上され、残りの価値残存部分が資産として次期に繰り越されます。

このようにして生じる各種の費用は、損益計算書で売上収益と対比することにより、当期純利益の計算に組み込まれます。他方、資産は負債や資本と対比する形で、

IV　売上高と売上債権

期末の貸借対照表の構成要素となるのです。

　このような企業活動の枠組みの中で，本書の各章は次のように位置づけられています。第4章は企業にとって最も重要な売上収益について解説します。第5〜7章では，棚卸資産・固定資産・金融活動資産のそれぞれと，それに関連する費用や収益が説明されます。第8章と第9章は，他人資本と自己資本という資金調達源泉の区分に従い，それぞれの会計処理を解説します。

2　営業循環における収益の認識

　企業が利益を獲得するうえで最も重要なことは，売上高の達成です。売上高は，企業がそれぞれの**営業循環**を反復的に繰り返すことによって達成されます。ここに営業循環とは，たとえば製造業では，①原材料などの仕入→②製品やサービスの生産→③製品やサービスの販売→④販売代金の回収という4つのステップの繰り返しをいいます。回収された代金は，再び原材料などの仕入に充当され，営業循環が反復されていきます。

　収益の会計に関する最も重要な論点は，このような営業循環のどの時点で収益を計上するかという問題です。収益計上時点の候補として考えられるのは，次の図が示

```
┌→①原材料などの仕入
│    ↓
│  ②製品などの生産…例外的な収益計上時点：生産基準
│    ↓
│  ③製品などの販売…原則的な収益計上時点：販売基準
│    ↓
└─④販売代金の回収…例外的な収益計上時点：回収基準
```

すように，生産時点・販売時点および代金回収時点の3つです。

(1) 販売基準

収益は，企業の経済活動を通じた価値の形成によって発生します。この事実を忠実に描写しようとすれば，製造業では原材料が生産プロセスに投入された時点から徐々にその価値増加に見合う収益を計上すべきことになります。しかし通常の見込み生産の場合，生産が完了しても完成品の全部が予定した価格で販売できるとは限りません。したがって生産プロセスの進行に伴う収益の計上は，主観的な販売見込みによる不確実なものにならざるをえないのです。

通常の製造業や販売業を営む企業にとって，収益の獲得が確実かつ客観的になるのは販売の時点です。販売時には①財貨やサービスが相手に引き渡され，②その対価として現金・売掛金などの貨幣性資産を受け取ります。これにより顧客が特定されるとともに，取引価格も確定します。販売の成功は，企業の新たに生み出した価値が経済社会で受け入れられたことを意味しますから，その価値は後で取り消されることのない恒久性を備えた確実で客観的なものになります。また受け取った貨幣性資産は，配当や納税を行う場合の資金的な裏づけにもなるのです。ひとたび販売に成功すると，それに続く代金の回収は比較的容易です。

したがって営業循環のうちの一定時点で収益を計上するとすれば，一般には製品やサービスの販売時点で計上するのが最も適切です。このように財貨やサービスの販

売時点で収益を計上する方法は，**販売基準**とよばれています。

(2) 生産基準

しかし顧客の特定と取引価格の確定という2条件が，財貨やサービスの引き渡しよりも前の段階で満たされている場合には，収益の計上を販売時点まで延期すべき理由はありません。したがって販売以前の生産段階で収益を計上する方が，よりいっそう適切になります。

そのようなケースとしては，①不動産賃貸業や貸金業のように，継続的なサービス提供の基礎となる契約が事前に存在している場合や，②建設業・造船業のように，生産以前に請負契約が締結されて顧客と取引価格が確定している場合があります。通常の見込み生産の場合とは異なり，これらのケースでは，契約の内容を基礎として，継続的なサービス提供では時間の経過に応じて，また請負契約では生産進行度合に応じて，確実かつ客観的な収益を計上することができます。また③金銀などの貴金属や全量買取の条件で契約栽培された農産物のように，所定価格での生産物の容易な販売を保証する市場が存在している場合も，生産が完了しさえすれば，企業はもはや販売努力を要しません。したがってその段階で，収益は確実になると考えられます。

このような収益認識基準は，取引される製品やサービスの形態に応じて，①の場合は時間基準，②の場合は工事進行基準，③の場合は収穫基準などの名称でよばれますが，いずれも生産プロセスの進行や完了を基礎とするものですから，**生産基準**と総称することができます。

75

(3)　回収基準

　しかしこれとは逆に，営業の形態によっては，販売が成立しただけでは，企業活動の成果がいまだ確実ではないケースもあります。その典型的な事例は，販売代金が分割払いとなる割賦販売において，代金が回収できないおそれが強い場合です。

　このケースでは，企業は販売の達成以外に代金の回収についても相当の努力を要しますから，実際に代金の回収が行われるまでは，収益は不確実な状態にあります。したがって確実かつ客観的な収益を計上するためには，その計上を，販売代金の回収時点まで延期せざるをえません。代金の回収時点で回収分に応じて収益を計上するこのような方法を，**回収基準**といいます。これは収入の時点で収益を計上する方法ですから，まさに現金主義会計における収益の計上と同じであり，例外的な会計処理です。

3　利益計算への影響の比較

　前述の3つのありうべき収益認識基準のいずれを採用するかにより，各年度の利益計算結果には相違が生じます。その影響を明らかにするため，次の設例を考えてみましょう。この設例では，5年を要する営業循環のうち，第1～3期に生産が行われ，合計600万円の製造原価をもって完成した製品が第3期に900万円で顧客に販売され，その代金が第3～5期にわたって回収されるものと仮定されています。

　この取引に3通りの収益認識基準を適用した場合の利

IV　売上高と売上債権

営業循環の設例 (単位：万円)

会計期間	製造原価(%)	代金回収(%)
第 1 期	180(30%)	—
第 2 期	180(30%)	—
第 3 期	240(40%)	450(50%)
第 4 期	—	270(30%)
第 5 期	—	180(20%)
合　計	600(100%)	900(100%)

益計算の結果は，次の表のとおりです。各期の利益計算
は，［収益－費用＝利益］として記載されています。

　まず販売基準では，製品の引き渡しと貨幣性資産の獲
得が生じる第 3 期に，売価による売上収益900万円と製
造原価による売上原価600万円が計上され，差額として
利益300万円が算定されます。

　これに対し生産基準では，合計900万円の売価が，製
造原価の発生割合に基づく生産プロセスの進行度合に応
じて，第 1 ～ 3 期にわたり分割して収益に計上されてい
ます。そしてこの収益に対応するものとして，各期の実
際の製造原価を費用に計上して，各期の利益を算定する
のです。

　他方，回収基準のもとでは，まず第 3 ～ 5 期における

(単位：万円)

期	販売基準	生産基準	回収基準
1		900×0.3－180＝　90	
2		900×0.3－180＝　90	
3	900－600＝300	900×0.4－240＝120	450－600×0.5＝150
4			270－600×0.3＝　90
5			180－600×0.2＝　60
計	900－600＝300	900－600＝300	900－600＝300

77

実際の代金回収額を収益とします。そしてこれに対応するものとして，製造原価600万円を各期の代金回収割合に応じて費用に計上し，両者の差額として利益額を決定します。

表の合計欄から明らかなように，3つの基準のいずれを採用しても，5年間の営業循環を通してみれば，利益総額300万円は変わりません。しかし営業循環の早期に位置する生産段階で収益を認識する生産基準では，利益も販売基準より早く計上され，逆に代金回収段階で収益を認識する回収基準では，利益の計上も遅くなっています。以下では，これら3通りの収益認識基準の具体的な適用を説明します。

4　収益認識基準の適用

(1)　通常の販売

通常の製品販売やサービス提供に関する最も原則的な収益認識基準は，販売基準です。この基準によれば，①製品の引き渡しやサービスの提供が行われ，②対価として現金・受取手形・売掛金などの貨幣性資産が取得された時点で，その貨幣性資産の額に基づいて売上収益を計上します。

販売時点で計上した収益と売掛金は，さまざまな理由によりその一部が事後的に減額されることがあります。製品の品質不良などによる値引き，品違いや欠陥品の返品，および一定期間中に所定の金額を超えて取引を行った場合の**売上割戻**（いわゆるリベート）がそれです。これらが発生した場合は，売上高と売掛金をその額だけ相

殺する会計処理を行います。しかし買い手が代金を非常に早期に支払うため，金利相当分だけ支払額を免除した場合，その免除額は金利の性格をもっています。したがってこの免除額は売上高と相殺せず，**売上割引**という名前で，支払利息と同様に処理します。

通常の販売以外の特殊販売とよばれる取引も，普通の販売に準じて収益を計上します。たとえば自己の商品を他の企業に依頼して販売してもらう**委託販売**では，受託者が委託品を販売した時点で売上高を計上します。また返品の自由を条件として得意先に商品を発送し，試用のうえ気に入れば買い取ってもらう**試用販売**では，得意先が買い取りの意思を表示した日が売上高の計上日となります。さらに定期刊行雑誌や電車の定期券などの**予約販売**では，前もって受け取った代金のうち，決算日までに商品の引き渡しやサービスの提供が完了した部分だけを当期の売上高に計上し，残額は負債（前受金）として処理します。

(2) 工事契約

建設会社や造船会社が建物や船舶の建造を受注し，これを完成させて引き渡す取引を**工事契約**といいます。工事契約の収益の計上には，工事完成基準および工事進行基準という2通りの会計処理方法があります。決算日をまたいで履行される工事契約について，これら2通りの基準のもとで利益計算に生じる差異に関しては，77頁の表を参照して下さい。

工事完成基準は，工事が完成して引渡が完了した時点で一気に売上収益を計上する方法ですから，販売基準の

79

一形態です。この方法を適用すると，工事が複数の年度にわたって行われていても，収益は完成・引渡日の属する最終年度だけに集中して計上されるという不都合が生じます。

この欠陥を除去し，工事の進行度合に応じて収益を計上する方法が**工事進行基準**です。したがってこれは生産基準による収益計上の一形態であるといえます。この方法を適用するとき，特定の顧客との契約上の工事収益が，各期に発生した工事原価の金額に比例する形で分割して計上されます。

これまでわが国では長らく，工事完成基準と工事進行基準の間での自由選択が認められてきました。しかし経済的事実との整合性や国際的な会計基準との調整のため，2009年4月以降の事業年度で着手する工事契約については，工事遂行部分の成果が確実である限り，工事進行基準を適用しなければならないことになりました。

(3) 割賦販売

割賦販売は通常の販売とは異なり，代金の回収が長期にわたる分割払いであるため，代金回収上の危険率が高いだけでなく，回収に付随して生じる諸費用を事前に予測して計上するのが困難な場合があります。このため割賦販売の収益の計上は，通常の販売基準を原則としつつ，回収不能の可能性が高い場合に限り，回収基準を採用することも認められています。回収基準を採用すれば，各回の割賦金の回収期限の到来の日または実際の入金の日に売上収益が計上されます。

このように回収基準の本来の会計処理は，77頁の表に

示したとおり，代金のうち回収済みの部分だけを売上高に計上し，これに対応する売上原価を控除して利益を算定する方法です。しかし実務では次のようにして少しちがった取り扱いが行われています。実務ではまず，商品の引き渡し時点で販売基準と同様に売上高と売上原価の全額を計上します。そのうえで代金の未回収部分に含まれる利益額を損益計算書において控除するとともに，それを貸借対照表の売掛金から控除する形で計上するのです。いま77頁の設例の第3年度の損益計算書について，本来の回収基準で作成したものと，実務上の会計処理で作成したものを対比すれば次のとおりです。繰延利益の金額は，

［(売上高900万円－売上原価600万円) × (未回収代金450万円÷代金総額900万円) ＝150万円］として計算されています。

(本来の回収基準)		(実務上の処理)	
売 上 高	450万円	売 上 高	900万円
売上原価	△300万円	売上原価	△600万円
利 益	150万円	繰延利益	△150万円
		利 益	150万円

5　売上債権

　売上高の達成により，企業は現金（小切手を含む）のほか売掛金や受取手形などの資産を獲得します。売掛金と受取手形はあわせて**売上債権**とよばれます。このうち**売掛金**は，得意先との通常の取引に基づいて発生した営業上の未収入金です。売掛金に類似する項目に**未収金**が

あり，これは企業の主たる営業以外の取引から生じたものです。また**未収収益**は，不動産の賃貸や金銭の貸付のように，一定の契約に従い継続してサービスの提供を行う場合に，すでに提供したサービスに対していまだその対価の支払を受けていない額を意味します。

受取手形は，商品の売上やサービスの提供など，得意先との間の通常の取引の対価として受け取った手形によって表される債権です。売掛金は単なる口約束にすぎませんから回収に不安が残りますが，手形を入手すれば売上代金の回収がよりいっそう確実になります。それは手形代金が約束どおりに支払われなければ，支払義務者に大きな経済的制裁が課されるからです。手形は，通常の商品販売以外にも，たとえば金銭の貸付に対する見返りとして受け渡しされる場合があります。しかしそのような金融関係の手形は貸付金として会計処理されますから，受取手形には含まれません。

受け取った手形には，満期日を待って現金化する以外に，割引および裏書譲渡という2通りの利用方法があります。手形割引は，満期日前の手形を銀行等へ持ち込み，満期日までの金利に相当する割引料を負担して早期に現金化することをいいます。また裏書譲渡は，満期日前の手形の裏面に署名をし，仕入代金などの支払のために譲り渡すことをいいます。

しかし万一これらの手形が不渡りとなった場合，割引や裏書譲渡をした者は，手形の所持人からの償還請求があれば，支払に応じなければなりません。このような条件付債務を**偶発債務**とよびます。企業が負担するこれらの危険は，企業を評価するうえで重要な事項です。した

がって割引や裏書譲渡をした手形で満期日が到来していないものの金額は，偶発債務の1つとして貸借対照表に注記しなければなりません。

これとは別に，売掛金や受取手形などの金銭債権については，取引先を慎重に選んでも，その一部が回収不可能になることは避けられません。そのような貸し倒れによる損失は，販売を促進するために現金取引ではなく信用を供与したことに伴うコストですから，売上収益に対応する費用であると考えることができます。

したがって決算にあたっては，過去の実績等に基づいて貸し倒れ予想額を見積もり，当期の販売費用の1項目として損益計算書に計上するとともに，その額を**貸倒引当金**として貸借対照表に計上しなければなりません。この結果，売掛金等の債権から貸倒引当金を控除した残高

COFFEE BREAK

───── 輸出と為替差損益 ─────

　日本企業が行う輸出入の取引の多くは，ドルで契約されています。たとえば自動車メーカーが乗用車1台を2万ドルでアメリカへ輸出したとき，2万ドルの売上高と2万ドルの売掛金が生じます。これらの金額は，国内での売上高と合算するために，取引時点の為替相場（たとえば1ドル＝100円）で換算されますので，売掛金は200万円として記録されます。しかし決算日までに円高が進行し，為替相場が1ドル＝90円になったとすれば，売掛金は180万円に目減りします。差額の20万円が為替差損です。逆に円安になれば，売掛金から為替差益が生じます。為替差損や為替差益は，受取利息や支払利息などと同様に，財務活動に関連する項目として損益計算書に記載されます。

は，債権のうち最終的に現金として回収されるであろう見込額を表すことになります。本書の196頁に転載した貸借対照表の例示においても，貸倒引当金が貸借対照表の資産の部で控除されていることを確認して下さい。

［Ⅴ］
棚卸資産と売上原価

- 商品の取得原価は購入代金に付随費用を加えて決定し、製品の取得原価は原価計算によって決定します。
- その取得原価を、売上原価と期末棚卸高に配分する方法には、先入先出法・移動平均法などがあります。
- 決算にあたり期末棚卸高は、取得原価と時価を比べていずれか低い方で評価する低価基準を採用すべきこととされています。

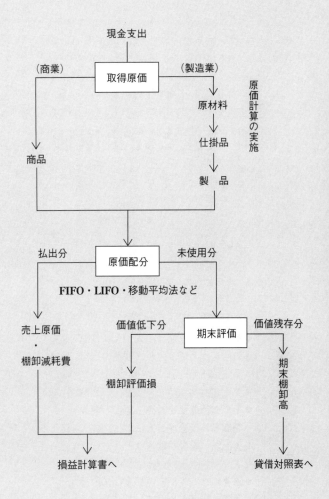

1 棚卸資産の範囲

損益計算書の冒頭に記載される売上高に対して、その獲得に直接的に貢献した費用項目として最初に対応づけられるのは、売上原価です。売上原価は、企業が商品や製品などの棚卸資産を販売によって払い出した金額として算定されます。**棚卸資産**には、商品・製品・原材料・半製品・仕掛品・貯蔵品の6項目が含まれます。次の図は、これらの項目を営業循環の中に位置づけたものです。

会計では、完成品を他企業から購入した場合は**商品**とよび、自社生産の場合は**製品**と名づけて区別しています。生産に投入する原材料も重要な棚卸資産です。自社生産の未完成品のうち、未完成のまま販売できる市場があるものは半製品、市場がないものは**仕掛品**として区別します。このほか荷造用品や事務用および工場用の消耗品のような貯蔵品も棚卸資産に含まれます。

棚卸資産の会計については、72頁で図示した3つのポイントがあります。①取得原価を決定すること、②取得原価を、使用によって売上原価になる部分と未使用部分に配分すること、および③未使用部分については期末に価値を評価して貸借対照表に計上する資産額を決定することの3点がそれです。この章は、棚卸資産と売上原価の会計をめぐるこれらの論点を順に説明します。

2 棚卸資産の取得原価

損益計算書で売上高と対比される売上原価の計算を適切に行うためには、まず最初の取得時に棚卸資産が適切な取得原価に基づいて資産に計上されなければなりません。棚卸資産の通常の取得方法は購入と自社生産ですから、ここでもそれぞれの場合の取得原価の計算を説明します。

(1) 購入の場合

購入した棚卸資産の取得原価は、購入代価に付随費用を加算して決定します。付随費用には、引取運賃・購入手数料・関税のように企業外部で発生するものと、購入事務費・検収費・保管費のように企業内部で発生するものがあります。このうち購入代価に加算して取得原価に含める項目の範囲は、売上収益との対応関係や金額的な重要性を考慮して決定します。

また仕入値引（品質不良等による単価の切り下げ分）や**仕入割戻**（多額の購入をしたことによる代金の減額分）を受けた場合には、その金額を購入代価から控除します。しかし**仕入割引**（仕入代金の早期支払に伴う支払免除額）は金利の性質を有しますから、購入代価から控除せず、営業外の収益として取り扱うのが一般的です。

(2) 自社生産の場合

自社で生産した製品等の取得原価は、適正な原価計算の基準に準拠して算定された製造原価によって決めます。

V 棚卸資産と売上原価

そのような基準の代表が、企業会計審議会の「**原価計算基準**」です。

原価計算の具体的な手続きは、企業の実状によってさまざまですが、単一の製品だけを見込み生産する場合の必要最小限の手続きは次のとおりです。①まずはじめに、生産に要した各種の費用を材料費・労務費・経費に分けて把握します。②次にこれらを当期総製造費用として仕掛品の勘定へ振り替え、期首の仕掛品の金額と合算のうえ、その合計額を期末までに完成した部分(当期製品製造原価)と未完成部分(仕掛品期末棚卸高)に配分します。③そして最後に、完成品に配分された当期製品製造原価を、完成品の数量で割り算した値が、製品1単位当たりの取得原価となります。

完成品の原価は、製品勘定に振り替えられ、販売された部分が売上原価となり、売上高と対比する形で損益計

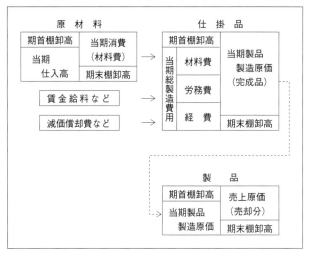

89

算書に計上されます。他方，原材料・仕掛品・製品の期末棚卸高は，期末の貸借対照表に流動資産として記載されます。前頁の図は，この過程を営業循環の順序に従って勘定の図を用いて示したものです。

3　棚卸資産の原価配分

(1)　継続記録法と棚卸計算法

　商品や製品の取得原価が確定しますと，次の問題は原価配分です。すなわち期首棚卸高に当期中の受入高を加えた取得原価の合計額を，当期中の払出高と期末棚卸高に配分する手続きがそれです。商品や製品については，当期払出高が売上原価となります。

　これら4つの項目の間には次の関係があります。

$$期首棚卸高 + 当期受入高 = \underset{(売上原価)}{当期払出高} + 期末棚卸高$$

　左辺の当期受入高とは，商品の場合は当期中の仕入高のことであり，製品の場合は当期中に完成した製品の製造原価のことです。これらが取得原価で把握されること，およびそれぞれの取得原価の計算方法については，すでに説明したとおりです。

　この関係式の左辺の金額が確定していることを前提として，売上原価の計算には2通りの方法があることがわかります。1つは在庫帳を準備して，棚卸資産の受け払いのつど継続的に記録を行い，1期間中に払い出した合計額をもって売上原価とする方法です。これは継続的な帳簿記録を利用する方法ですから**継続記録法**とよばれます。

V 棚卸資産と売上原価

いま1つの方法は，決算日に在庫として残っている商品や製品の現物を実地に調査して，期末棚卸高を先に確定する方法です。そのための現物調査を**実地棚卸し**といいます。これにより期末棚卸高が決まり，あとは上記の関係式を利用して［期首棚卸高＋当期受入高－期末棚卸高］として，当期中の払出高を逆算します。この計算方法は実地棚卸しを前提としますから，**棚卸計算法**とよばれます。

棚卸計算法は，在庫帳の受け払い記録を必要としませんから，事務的には簡単です。しかしこの方法は，紛失・万引き・横領などの不当な理由によって商品や製品が減少した場合でも，それが自動的に売上原価に算入されてしまうという欠陥があります。したがって重要な棚卸資産については，継続記録法を採用するのが望ましいといえます。

また継続記録法を採用する場合でも，実地棚卸しは欠かせません。帳簿上の残高と実際の在庫量を対比することにより初めて，万引きや横領などの有無が確認できるからです。実際の在庫量が帳簿上の数量に満たない場合の会計処理については，あとで説明します。

(2) いろいろな原価配分方法

企業は1期間中に，同一の商品を何回も仕入れますし，同一の製品を何回も生産します。これらの在庫品の1個当たりの取得原価が各回とも同じであれば，売上原価の計算も簡単です。しかし普通は，1回ごとに単価が異なります。したがって売上原価を計算するには，どの単価のものが期中に払い出され，どの単価のものが期末に

残っているかを特定する必要があります。

　そのための会計処理方法を，棚卸資産の原価配分方法とよびます。これには個別法・先入先出法・後入先出法・総平均法・移動平均法などがあります。

　①**個別法**は，個々の棚卸資産を受け入れたとき，それぞれの取得原価を1個ずつ別個に把握しておき，個々の棚卸資産を払い出すつど，その資産の取得原価を払出単価とする方法です。この方法は，実行にきわめて多くの手数を要しますから，宝石や建て売り住宅のように，受け入れから払い出しまで現実に個品管理が行われている高価なものに適用されます。大量に販売される規格品に適用するのは合理的ではありません。

　②**先入先出法**は，最も古く取得されたものから順に払い出しが行われ，期末棚卸品は最も新しく取得されたものからなるとみなして，払出単価を計算する方法です。この方法はfirst-in, first-out methodという英語名の頭文字をとって，しばしば**FIFO**（ファイフォー）とよばれています。先に仕入れた商品から順に売っていくというのはあくまで仮定ですから，現実と一致していなければならないということはありません。しかし大部分の棚卸資産は先に取得されたものから順に払い出されるのが普通ですから，この方法は財貨の物理的な流れと合致した方法であるといえます。

　いま，ある商品の3月中の受け払いが次のとおりであったとして，先入先出法で3月の売上原価を計算してみましょう。

　　3月1日　前月繰越　100個　取得原価　@￥200
　　3月10日　仕　入　50個　　〃　　@￥215

V 棚卸資産と売上原価

　3月15日　売　　　上　　70個
　3月20日　仕　　　入　100個　取得原価　@¥223
　3月25日　売　　　上　　60個

　3月中の売上の個数は2回の合計で130個です。これが先に仕入れたものから構成されるというのが先入先出法ですから，まず100個は前月繰越分（単価200円，金額20,000円）から成り，残りの30個は3月10日の仕入分（単価215円，金額6,450円）です。したがって3月の売上原価は，これらを合計して26,450円になります。

　③**後入先出法**は，先入先出法とは逆に，最も新しく取得されたものから払い出しが行われ，期末棚卸品は最も古く取得されたものから成るとみなして，払出単価を計算する方法です。この方法も last-in, first-out method という英語名の頭文字をとって **LIFO**（ライフォー）とよばれます。

　上で先入先出法の例示に用いたのと同じ取引について，月別の後入先出法を適用して3月の売上原価を計算してみましょう。払い出しの合計130個が，後に仕入れたものから構成されるというのがこの方法ですから，130個の内訳は3月20日の仕入分100個（単価223円，金額22,300円）と3月10日の仕入分のうちの30個（単価215円，金額6,450円）です。したがって3月の売上原価は28,750円になり，先入先出法の売上原価を上回りますから，その分だけ利益は少なくなります。

　これは例示の商品の仕入単価が上昇しているためです。受け入れの単価が上昇している期間に先入先出法を適用すれば，単価の低い時期に取得した資産部分が売上原価になりますから，利益は大きく算出されます。逆に後入

先出法では，単価が高くなってから取得した資産部分が売上原価になって，利益を押し下げるのです。輸入品が円高のメリットを受ける場合のように，仕入単価が低下している期間には，当然に逆の結果が生じます。

なお，後入先出法は日本でも一部の企業で採用されてきましたが，会計基準の国際的統合のため，2010年4月からは採用できないことになりました。

これまでの3方法が，各回の単価をそのまま計算に用いるのに対し，取得した棚卸資産の平均原価を計算して払出単価とする方法を**平均原価法**といいます。これには総平均法と移動平均法があります。このうち④**総平均法**は，期首繰越分も含めた1か月または1年度中の棚卸資産の取得原価の合計額を，受入数量の合計で割り算して算定した，単位当たりの平均原価を払出単価とする方法です。

前述の取引に総平均法を適用した場合の売上原価は次のように計算されます。

平均単価 ＝ （200円×100個＋215円×50個＋223円×
　　　　　　100個）÷（100個＋50個＋100個）
　　　　 ＝212.2円

売上原価＝212.2円×130個＝27,586円

他方，⑤**移動平均法**は，総平均法のように一定期間をプールした平均受入単価を算定するのではなく，棚卸資産を受け入れるつど，その時点での在庫分と合わせて加重平均単価を算定し，次回に棚卸資産を受け入れるまでの間の払出単価として利用する方法です。したがって新しく棚卸資産を受け入れるつど，加重平均単価を更新しなければならない点で，少し計算は複雑になります。

移動平均法についても，前述の設例を用いて計算を例示してみましょう。

　　　3月10日の平均単価＝（200円×100個＋215円×50個）
　　　　　　　　　　　÷（100個＋50個）＝205円
　　　3月15日の売上原価＝205円×70個＝14,350円

　合計150個の在庫から70個を売却しましたから，この時点での残りの個数80個を用いて計算を続けます。

　　　3月20日の平均単価＝（205円×80個＋223円×100個）
　　　　　　　　　　　÷（80個＋100個）＝215円
　　　3月25日の売上原価＝215円×60個＝12,900円

　この結果，2回の売上原価は合計で27,250円になります。

　以上が代表的な原価配分の方法です。このほか場合によって，最終仕入原価法や売価還元法という方法が用いられることもあります。**最終仕入原価法**は，期末在庫がすべて期末直近の最終回の受入単価で取得されたものとみなして，期末棚卸高の近似値を算定する方法です。この方法は，実地棚卸しと最終回の仕入単価を調査するだけで実行できます。また**売価還元法**は，百貨店やスーパーのようにすべての商品に売価を表示した値札が付けられている場合に，期末の実地棚卸しの時に値札の金額を合計して，売価による在庫品の評価額を算定したうえで，これに原価率（すなわち仕入単価÷売価）を掛けあわせることにより，原価による期末棚卸額を推定する方法です。

　どちらの方法でも，推定した期末棚卸高に基づいて，売上原価が逆算されます。ただしこれらの方法は，必ずしも実際の取得原価を厳密に配分する方法ではなく，推

定計算を含んだ簡便法の性質をもっています。

4　棚卸資産の期末評価

　棚卸資産の原価総額のうち，販売済みの部分は売上原価として売上高と対応づけられ，その残りの金額が期末在庫へ割り当てられます。しかしこの金額をそのまま貸借対照表の棚卸資産の評価額として計上するか否かについては検討が必要です。棚卸減耗があればこれを切り捨てなければなりませんし，また時価が下落していれば，時価まで評価額を切り下げます。これが棚卸資産の会計の第3のポイントです。

⑴　棚卸減耗費
　棚卸資産について継続記録法が採用されている場合の帳簿上の期末在庫数量に対し，実地棚卸しで判明した実際の在庫数量が不足するとき，その不足分を棚卸減耗といいます。このような不足分が発生している場合には，その金額を**棚卸減耗費**として把握し，棚卸資産の帳簿価額から切り捨てなければなりません。

　製品や商品の棚卸減耗費のうち，毎期反復的に正常な数量で発生する部分は，売上収益を獲得するのに不可避なものとして，売上収益との対応づけを肯定することができますから，売上原価または販売費に含めるのが妥当です。しかし臨時的または異常な原因で大量に発生した場合には，特別な損失として取り扱わなければなりません。

(2) 棚卸評価損

　期末に実在する棚卸資産のなかには，数量自体が減少していなくても，もはや完全な1個の棚卸資産としてカウントできないものがあります。キズ・ヨゴレ・型くずれなどの品質低下が生じたものや，物理的には欠陥がなくても流行遅れや新製品の発売によって経済的に価値が低下した陳腐化品がそれです。

　また，そのような問題が生じていなくても，市場での需給変化により，期末において時価が取得原価を下回っている棚卸資産もあります。

　そのような原因のいかんにかかわらず，時価が取得原価を割り込んでいる場合は，過大となった帳簿価額を減額することにより，将来に損失を繰り延べないようにしなければなりません。そのためには，決算にあたり棚卸資産の帳簿価額と時価を比較し，いずれか低い方の価額をもって貸借対照表の計上額とする必要があります。

　このような評価方法を**低価基準**といいます。低価基準を採用すると，取得原価に基づく帳簿価額よりも時価の方が高い限り，棚卸資産は取得原価で評価され続けます。しかし時価が下落して取得原価を下回ると，棚卸資産の帳簿価額を時価まで切り下げなければなりません。その切り下げ分を**棚卸評価損**といいます。

　これまで日本では，原価基準も妥当な期末評価の方法として認められ，企業は原価基準と低価基準のいずれかを自由に選択できていました。しかし国際的な会計基準では，低価基準だけが妥当な期末評価の方法とされています。また原価基準のもとでは，市場価格が低下して在庫品に含み損失が発生しても，評価損の計上が先送りさ

れてしまいます。そこで2008年4月以降に開始する年度から、棚卸資産の期末評価に際しては低価基準を採用すべきこととされました。

　低価基準を適用する場合の時価としては、決算日の売価から販売に付随する費用を差し引いて計算される正味売却価額（純実現可能価額ともいいます）を採用するのが合理的です。しかし原材料などのように、再調達原価（取替原価ともいいます）の方が観察しやすく、正味売却価額が再調達原価に連動して変化する場合には、再調達原価をもって時価とすることができます。そのような

COFFEE BREAK

———— 原価計算 ————

　当社は当期からX製品の生産を開始し、当期中に単価80円の原材料10個と、労務費および経費の合計1,200円を投入して、月末までに6個の製品を完成させ、残り4個は生産工程が50％まで進行したとします。原材料は生産工程の最初で投入され、労務費と経費は生産工程の進行に応じて比例的に発生するとすれば、完成品と期末仕掛品の取得原価は次のように計算されます。

	材料費	労務費・経費	合計	平均単価
完成品	80円×6個	150円×6個	1,380円	÷6個＝230円
仕掛品	80円×4個	150円×2個	620円	÷4個＝155円

期末仕掛品4個の進捗度は50％ですから、完成品に換算して2個分に相当しますので、完成品1個あたりの労務費と経費の負担額は［1,200円÷（6個＋2個）＝150円］として計算されていることに注意してください。この結果、完成品1個あたりの取得原価は［(材料費480円＋労務費・経費900円)÷6個＝230円］となります。

V　棚卸資産と売上原価

時価と帳簿価額との比較は，個別品目ごとに行うのが原則です。

　比較の結果，時価までの切下げによって生じた棚卸評価損は売上原価の構成項目として取り扱いますが，製造の過程で生じるものは製造原価に含めたうえで，売上原価になります。しかし棚卸評価損の発生原因が臨時的なものであり，金額も大きい場合には，特別損失として損益計算書に計上します。

　なお時価と対比する帳簿価額は，企業がどの原価配分方法を採用するかにより異なりますから，これにより売上原価だけでなく在庫の評価額も影響を受けます。したがって財務諸表の利用者が正しい解釈をできるようにするため，先入先出法や移動平均法などの原価配分方法は，企業が採用した棚卸資産の評価方法として，重要な会計方針に含めて注記しなければならないことになっています。

[VI]
固定資産と減価償却

- 固定資産の取得原価は、取得の形態により異なった方法で決定されます。
- 減価償却は、有形および無形の固定資産の取得原価を各期間へ配分するための会計手続きです。
- 減価償却の方法には、定額法・定率法・生産高比例法などがあります。
- 株式交付費や開発費などの費用で、将来の収益の獲得に貢献するものは、繰延資産として計上することができます。

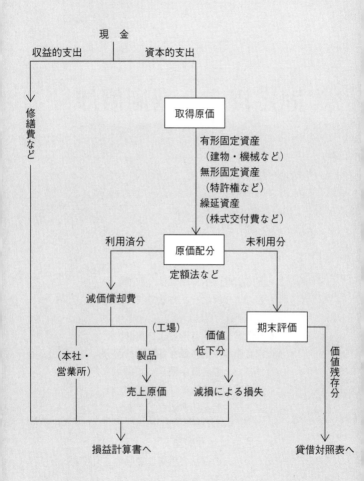

1 固定資産の範囲と区分

　企業にとって棚卸資産と並ぶもう1つの重要な資産は固定資産です。ここに**固定資産**とは，土地や建物のように長期間にわたって反復して使用することができる資産をいいます。とくにメーカーでは機械装置が重要な固定資産になります。このほか特許権のように物理的な形のない項目や，長期の定期預金のような項目も，固定資産に含まれます。なお貸借対照表では固定資産とは別に「繰延資産」として表示される項目についても，この章の最後であわせて解説します。

　さて固定資産は，貸借対照表において，その形態的な特徴に従い，次の3つに区分表示されます。(1)物理的な形態を有する「有形固定資産」，(2)物理的な形態をもたない法律上の権利を中心とする「無形固定資産」，(3)長期の証券投資や貸付金および前払費用からなる「投資その他の資産」がそれです。

(1) 有形固定資産

　有形固定資産とは，企業が1年を超えて利用するために保有している資産で，物理的な形態をもった項目をいいます。有形固定資産の多くは，使用しても数量的には減少しませんが，その価値は使用や時の経過によって確実に低下します。この価値低下分を規則的に算定し，毎期末に資産の価額から減額して費用に計上する手続きを減価償却といいます。

　減価償却の対象となる**償却資産**には，建物（冷暖房や

給排水などの付属設備を含む)・構築物（橋や舗装道路など）・機械装置・車両運搬具・工具器具備品などがあります。なお鉱山・油田・山林のように，採取によって数量的に減少し，最後には涸渇してしまう天然資源を**減耗性資産**といいますが，これも有形固定資産に含まれます。

　他方，使用や時の経過によっても価値の低下が生じないため，減価償却を行う必要のない有形固定資産を**非償却資産**といいます。その代表は土地ですが，希少価値のある美術品もこれに含まれます。もう1つ，減価償却を行わない有形固定資産として**建設仮勘定**があります。これは，建物や機械装置などの有形固定資産の建設に際し，建設業者に支払った手付金や前渡金をはじめ資材や建設機械の購入など，工事の完成までに要するすべての支出額をいったん集計するための勘定です。建設が完了して引き渡しを受けた時点で，建設仮勘定の金額は，建物や機械装置など，その性質を表す本来の資産勘定へ振り替えられます。

(2)　無形固定資産

　無形固定資産とは，物理的な形態をもたないが1年を超える長期にわたって利用される資産項目をいいます。これには特許権（高度な発明の独占的利用権）・意匠権（デザインの権利）・商標権（トレードマークの権利）・借地権（地主から借りた土地を使用する権利）のような各種の法律上の権利が含まれます。

　また収益力の高い他の企業を買収するに際して，引き継いだ純資産の金額よりも，支払った金銭や発行した株

式の金額の方が大きい場合には，その超過額が**のれん（暖簾）**という名前で，無形固定資産に計上されます。これはその超過額が，収益性の高い事業を営む権利を入手するのに要した金額として，資産価値をもつと考えられるからです。このようにのれんは有償で取得した場合にのみ資産計上が認められるものであり，自社の収益力がいくら高くても，それをのれんとして資産計上することはできません。

⑶ 投資その他の資産

投資その他の資産には，長期利殖や他の企業を支配する目的で保有する株式等の有価証券，長期の預金や貸付金，回収に長期間を要するような不良債権，長期の前払費用などが含まれます。なお，これらの項目の多くは企業の金融活動に関係する資産項目ですから，その会計処理は第7章でまとめて解説します。

2　固定資産の取得原価

固定資産の会計については，棚卸資産の場合と同様に，取得原価の決定，原価配分，および期末評価という3つのポイントがあります。このうち取得原価から説明を始めます。

企業が固定資産を取得する代表的な方法には，購入，自家建設，現物出資の受け入れ，交換，または贈与の受け入れの5通りがあります。それぞれの場合の取得原価は次のように決定されます。

①購入した固定資産の取得原価は，購入代価に付随費

用を加算して決定します。原子力発電所のように，将来の設備の除去が法律や契約で義務づけられている場合の負担を**資産除去債務**といいますが，負債に計上したその評価額も付随費用として取得原価に算入されます。

②自家建設した有形固定資産は，棚卸資産の場合と同様に，適正な原価計算の基準に準拠して算定された製造原価をもって取得原価とします。なお建設のための借入金の利息は，期間費用として取り扱うべきであり，製造原価に算入しないのが原則です。しかし借入金と取得資産が1対1で明確に対応している場合には，建設工事が完成するまでの期間に限って，借入金の利子を取得原価に算入することが例外的に認められています。

③**現物出資**として受け入れた固定資産は，出資者に対して交付した株式の発行価額をもって取得原価とします。

④また交換によって取得した資産については，それを時価で計上するか，譲渡資産の簿価を引き継ぐかが問題となります。長く所有してきた資産は簿価より時価が高く，また交換は時価が等しくなるように行われるのが普通です。したがって受入資産を時価で評価すると，その資産について評価増が行われたのと同じ結果になり，未実現利益が計上されてしまいます。このため種類と用途が同じ資産を交換した場合は，従来の投資が継続していると考えて，譲渡資産の簿価を受入資産の取得原価として引き継ぐものとされています。

⑤贈与その他無償で取得した固定資産については，支出額がゼロであるから取得原価もゼロとするという考え方と，贈与を受けた時点での時価に代表されるような，公正な評価額で評価するという考え方があります。この

うち資産評価の本質からみて，無償取得資産は公正な評価額をもって取得原価とすることになっています。

　なお企業は，国や地方自治体から資本助成を目的として交付された**国庫補助金**や**建設助成金**を用いて，固定資産を取得することがあります。また電力会社やガス会社は，電気・ガスの供給施設を建設するために，需要者から工事負担金を受け取ることがあります。このような資産については，国庫補助金や**工事負担金**に相当する金額をその取得原価から控除することができます。この会計処理は，**圧縮記帳**とよばれます。

　以上のようにして取得原価が決定され，その資産の使用を開始した後にも，それぞれの固定資産に関して改良や修繕のための支出が行われるのが普通です。そのような支出のうち，資産の価値を増加させたり，使用可能年数を延長させたりする効果をもつ部分は，**資本的支出**とよばれ，資産の取得原価に追加されます。他方，定期的な修理や部品交換などの支出は**収益的支出**とよばれ，その期間の費用として処理されます。なお実務上は，重要性の原則や保守主義の原則により，一定額以下の支出をすべて収益的支出として取り扱うことも認められています。

3　固定資産の原価配分

(1)　減価償却の目的と効果

　固定資産の会計の第2のポイントは，取得原価を各期に費用として配分する減価償却の手続きです。たとえば取得原価100万円で購入した機械が5年にわたって利用

され，5年後には無価値になってしまうとしましょう。利用可能として推定された年数を**耐用年数**といい，耐用年数の経過時点で中古品やくず鉄としての価値がもしあれば，その評価額は**残存価額**とよばれます。固定資産は，棚卸資産とは異なり，使用しても物理的に数量が減少することはありません。しかし使用や時の経過による物理的な減耗，および新技術の出現などの経済環境の変化に伴って，その価値が徐々に低下していきます。

　この事実を適切に描写するには，取得原価から残存価額を控除した金額を，耐用年数にわたって費用として配分する必要があります（前述の例で均等に配分すれば20万円ずつ）。この手続きが減価償却です。すなわち**減価償却**とは，有形固定資産の取得原価を，その耐用年数にわたって一定の組織的な方法で費用として配分するとともに，貸借対照表に記載する資産の金額を同額だけ減少させていく会計手続きです。

　費用として算定された各期の減価償却費は，それが工場の機械や建物に関するものであれば，製造経費に含められて製品の製造原価に集計され，最終的には売上原価の一部として，売上高に対応づけられます。他方，営業所や本社の有形固定資産に関する減価償却費は，損益計算書の販売費および一般管理費の1項目として計上されます。

　なお減価償却費は貨幣性資産の流出を伴わない費用項目ですから，減価償却を実施することにより，企業内にはそれに相応する額の資金が留保されることになります。減価償却が有するこのような資金増加を，減価償却の自己金融作用といいます。しかしこれはあくまで減価償却

108

VI 固定資産と減価償却

が結果的にもたらす効果であって，減価償却の目的その
ものではありません。減価償却の目的は，固定資産の取
得原価を当該資産の利用期間に配分することを通じて，
各期間の利益を適切に算定することにあるのです。

(2) 各種の減価償却方法

　各期の減価償却費を実際に計算するには，取得原価，
残存価額，耐用年数や利用度のような原価配分基準，お
よび**減価償却方法**の４つを具体的に決めなければなりま
せん。このうち取得原価はすでに説明したとおりです。

　また残存価額と耐用年数については，わが国の税務当
局が「減価償却資産の耐用年数等に関する省令」におい
て，課税所得の計算で用いるべき数値を定めていますの
で，多くの企業が実務でこれに従っています。

　このうち残存価額については，従来は取得原価の10%
と規定されていましたが，2007年４月以降に使用を開始
した新資産からは，残存価額をゼロとして計算するよう
変更が行われました。これにより減価償却費が増加して
課税所得が削減され，企業の国際競争力が増すとともに，
設備投資が活発になるよう期待されています。

　次に原価配分の基準には，利用度と耐用年数がありま
す。理論的には利用度を配分基準とするのが望ましいの
ですが，将来の利用可能総量をあらかじめ客観的に推定
するのは不可能な場合が普通です。そこで一般には耐用
年数が原価配分の基準として用いられています。耐用年
数を配分基準とする代表的な減価償却方法には，定額法
と定率法があります。これに対し生産高比例法は，利用
度を配分基準とする減価償却の方法です。

109

以下では，取得原価100万円，耐用年数5年，残存価額はゼロという設例に基づいて，それぞれの方法を例示します。

　残存価額をゼロとする新しい計算方法は，2007年4月以降に利用を開始した新資産に適用できます。それ以前から使用している資産には，従来どおり残存価額を取得原価の10%とする計算方法が適用され続けます。従来の方法は，旧定額法および旧定率法と名づけられ，以下で説明する新しい計算方法と区別されています。

　①**定額法**は，資産の耐用年数にわたり，毎期一定の金額ずつの減価償却を行う方法です。したがって各期の減価償却費は，次式で算定した金額になります。

$$減価償却費 ＝ （取得原価 － 残存価額）÷ 耐用年数$$
$$＝ （1,000,000 － 0）÷ 5 ＝ 200,000$$

　ある時点までにその資産について計上された減価償却費の累計金額を**減価償却累計額**といい，取得原価から減価償却累計額を控除した残額は，いまだ減価償却が行われていない部分という意味で**未償却残高**とよばれます。

　次頁の図表は，例示の機械に定額法を適用した場合の計算を示したものです。減価償却費は棒グラフで表され，未償却残高は折れ線グラフで図示されています。このグラフから明らかなように，未償却残高が時の経過に伴い直線的に減少していくことから，この減価償却方法は直線法ともよばれています。わが国では多くの無形固定資産の減価償却は，この定額法で行われています。

　②**定率法**は，次式が示すように，期首の未償却残高に毎期一定の償却率を乗じて，各期の減価償却費を算定する方法です。

VI 固定資産と減価償却

定額法の計算例

年　度	減　価償却費	減価償却累計額	未　償却残　高
1	200,000	200,000	800,000
2	200,000	400,000	600,000
3	200,000	600,000	400,000
4	200,000	800,000	200,000
5	200,000	1,000,000	0

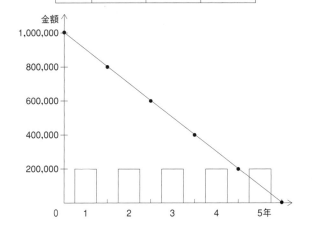

　減価償却費＝(取得原価－減価償却累計額)×償却率
　毎期一定の償却率は次式に従って算定されますが，所定倍率は政策的に決定され，2012年4月以後に使用を開始した資産では2.0とされています。

　償却率＝(1÷耐用年数)×所定倍率

　われわれの例では，この償却率は［1÷5×2.0＝0.400］ですから，1年目の減価償却費は［1,000,000×0.400＝400,000円］と計算されます。また2年目の減価償却費は［(1,000,000－400,000)×0.400＝240,000円］です。

定率法の計算例

年度	期首の未償却残高(X)	(A) X×償却率	(B) X÷期首の残存耐用年数	減価償却費((A)と(B)の大きい方)	期末の未償却残高
1	1,000,000	400,000	X÷5=200,000	400,000	600,000
2	600,000	240,000	X÷4=150,000	240,000	360,000
3	360,000	144,000	X÷3=120,000	144,000	216,000
4	216,000	86,400	X÷2=108,000	108,000	108,000
5	108,000	43,200	X÷1=108,000	108,000	108,000

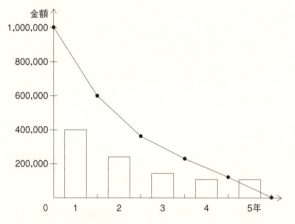

　3年目以降も同様の計算を繰り返します。ただし（A）［期首未償却残高×償却率］として計算した金額が，（B）［期首未償却残高÷残存耐用年数］として計算した金額より小さくなる年度以後は，（B）の金額が減価償却費とされます。この例では最初の3年間は（A）が大きく，4年目からは（B）の方が大きくなります。

　このようにして計算した各期の減価償却費と未償却残

VI 固定資産と減価償却

高は前頁の図表のとおりです。グラフから明らかなように，初期の年度ほど大きな減価償却費が計上され，未償却残高は逓減的に減少することから，定率法は**加速償却法**の性質をもっています。したがって資産の耐用年数の初期の期間の課税所得が少なくなりますので，わが国では多くの企業が有形固定資産の減価償却に定率法を利用しています。

③これまでの2方法が耐用年数を原価配分基準とするのに対し，**生産高比例法**は資産の利用度に応じて原価配分を行う減価償却方法です。生産高比例法のもとでは，資産の将来の利用可能総量があらかじめ推定され，それに対する各期の実際利用量の割合に従って，減価償却総額が各期に費用として配分されます。したがって残存価額をゼロとした場合の各期の減価償却費の計算式は次のとおりです。

$$減価償却費 = 取得原価 \times \frac{各期の実際利用量}{利用可能総量}$$

ただしこの計算は，たとえば航空機やタクシー車両のように，飛行距離や走行距離の形で前もって利用総量が予定されていて，それに達した時点でその資産が処分されることになっている場合でないと実行できません。このため生産高比例法が適用可能な資産の範囲は，非常に狭く限定されます。

(3) 固定資産の減損

原材料や商品について期末に評価減が行われるのとちょうど同様に，固定資産についても期末に評価減が必要となることがあります。技術革新や市場変化などで固

113

定資産の収益性が低下し，投資額の完全な回収が見込め
なくなった場合がそれです。この状態を固定資産の**減損**
といいます。

　固定資産に減損が生じたときは，当期分の減価償却を
行った上での帳簿価額を，回収可能価額まで引き下げな
ければなりません。その回収可能価額は，固定資産に売
却および継続使用という2つの用途があることを考慮し
て，次のように算定します。

　売却で回収できるのは，正味売却価額です。他方，継
続使用によって回収できる将来の現金収入を現在の価値
に引き直すには，利子率を使って割引計算しなければな
りません。たとえば1年後の1万円の現金収入に5％の
利率を適用した現在の価値は，[10,000円÷1.05＝9,524
円]です。この評価額を，割引現在価値といいます。

　企業は売却か継続使用の有利な方を選択するはずです
から，正味売却価額と割引現在価値の大きい方が，その
資産の回収可能価額です。帳簿価額を回収可能価額まで
切り下げた差額は，減損による損失として，損益計算書
に計上します。

(4)　除却と売却による損益

　不要になった中古の固定資産は，途中で廃棄処分にさ
れたり，売却されます。廃棄する場合は，その時点での
未償却残高から屑物としての価値を控除した残額を，**固
定資産除却損**とします。また売却の場合は，未償却残高
と売価との差額が**固定資産売却益**（または売却損）とな
ります。これらの除却損や売却損益は，損益計算書にお
いて特別な損益項目の区分に記載するのが普通です。

4 繰延資産

(1) 繰延資産の意義

　貸借対照表には，本来は費用であるにもかかわらず資産として計上することが認められている項目があります。それらは固定資産の次に繰延資産という名前で計上されます。このように**繰延資産**は，すでに代価の支払が完了するか支払義務が確定し，これに対応する役務の提供を受けたにもかかわらず，その効果が将来にわたって現れると期待されるため，その支出額を効果が及ぶ将来期間に費用として合理的に配分する目的で，経過的に貸借対照表に資産として計上された項目です。

　たとえば広告宣伝の支出を考えてみましょう。企業が毎期経常的に行う広告宣伝の支出額は，通信費や水道光熱費などと同様に，その期の売上収益に対応する費用として処理すべきものであり，資産に計上する余地はありません。しかし同じ広告宣伝の支出であっても，経常的な広告宣伝とは異なり，たとえばその企業が初めて製品を輸出して海外市場での販売を促進する目的をもって行う特別な市場調査や広告宣伝のための多額の支出は，そのすべてを支出の時点で費用として処理するのは合理的ではありません。なぜならば，そのような支出によってはじめて海外市場で収益を獲得するための基礎が形成され，将来の収益の獲得に貢献すると期待されるからです。したがってこの場合には，支出額をいったん資産として繰り延べたうえで，有形固定資産の減価償却と同様に，それを徐々に取り崩して費用に計上することにより，広

告宣伝支出の効果が及ぶ将来期間の収益に対応させるのが合理的であると思われます。

このように繰延資産は、対応原則に基づき、当期の支出額を将来の収益に対応させて適切な期間利益を算定する目的で計上される資産項目です。この点に関する限り、有形固定資産や前払費用なども同じです。しかし有形固定資産や前払費用が財貨や権利として換金価値ないし転売価格を有するのに対し、繰延資産は換金能力をもたず、会計学上の対応原則によって初めて資産計上が正当化される点で相違します。この意味で繰延資産は、会計的資産とか擬制資産とよばれることがあります。

(2) 会社法上の繰延資産

支出の効果が将来にわたって現れると期待される費用の項目には種々のものがあります。収益と費用の因果関係を重視した対応原則の観点からすれば、それらの項目はすべて、いったん資産として計上しなければなりません。しかし資産計上の根拠となる将来の効果の予想には大きな不確実性が伴い、またこれらの項目は換金価値を有しない点で、そのような項目を無制限に資産計上すれば、企業の資本充実を害して資本の空洞化を招くおそれがあります。

そこで、企業資本の充実を通じた債権者の保護を重視して、かつての商法は資産計上が許容される項目を限定列挙するとともに、各項目について所定の年数内での毎期均等額以上の償却を強制することにより、繰延資産が早期に消滅するようにしてきました。

新しい会社法では、そのような詳細な規定は削除され、

繰延資産の会計処理は一般に公正妥当と認められる企業会計の基準や慣行に委ねられることになりました。そのような会計基準や慣行に基づいて，貸借対照表での資産計上が許容される繰延資産の範囲とその償却の慣行は次のとおりです。

このうち①と②は企業規模の拡大のための資金調達に関する支出であり，③と④は企業活動の基盤形成のための支出です。また⑤は，将来の収益増加や費用節減のために行った支出です。これらの金額はいずれも，支出時に費用として損益計算書に計上するのが原則です。しかし支出の効果が将来に発現することが期待されますから，いずれも繰延資産となる資格があるのです。

①株式交付費……会社成立後における新株発行や，自己

COFFEE BREAK

—————— リース会計 ——————

企業がリース業者から賃借りしてリース料を支払っている物件を考えた場合，その法律上の所有権はリース業者に属します。しかしリース取引の中には，リース契約の中途解約が契約上または事実上において不可能であり，かつリース物件から生じる経済的利益と使用コストがすべて実質的に借り手に帰属することとなるようなものがあります。この契約を借り手からみれば，その経済的な実態は，借り手がその物件を購入して代金を長期の分割払いにしているのと同じことになります。この事実を会計に反映するため，借り手の企業はリース物件を利用する権利を固定資産として計上するとともに，支払義務を負ったリース料の総額を現在の価値に評価して負債に計上しなければなりません。このような会計処理をリース会計といいます。

株式の処分のために直接に要した印刷費・募集広告費・銀行取扱手数料などの支出額。（支出後3年以内に償却）

②**社債発行費等**……社債発行のために直接に支出した印刷費・募集広告費・銀行取扱手数料などの額。（社債償還期間にわたり償却。新株予約権の発行費用もこれに含まれ，3年以内に償却）

③**創立費**……定款の作成費，設立登記の登録税など，会社を設立するために要した支出額。（会社の成立後5年以内に償却）

④**開業費**……会社が成立した後，営業を開始するまでの間に，開業準備のために支出した金額。（開業後5年以内に償却）

⑤**開発費**……新しい経営組織や技術の採用，新しい資源や市場の開拓，大規模な設備配置替えなどの目的で特別に支出した金額。（支出後5年以内に償却）

　これらの開発費と類似していても，会計上の取扱いがまったく異なるものとして，**研究開発費（R&D）**があります。新しい知識の発見を目的とした計画的な調査・探求（これが研究），および研究の成果を新製品・新生産方法などへと具体化する活動（これが開発）の支出がそれです。研究開発を行っても成功するとは限らず，その支出の効果には著しい不確実性があります。このため研究開発費は支出時の費用として取り扱わなければならず，繰延資産として計上することは禁止されています。

［Ⅶ］
金融活動の資産と損益

- 余剰資金は，預金・有価証券・貸付金などに運用され，利子や配当などの獲得に利用されます。
- 売買目的の有価証券，および満期までの残り期間が1年未満の債券が流動資産となり，それ以外は固定資産に分類されます。
- 子会社株式や満期まで保有する債券は原価で評価され，売買目的の有価証券や時価を把握できる持ち合い株式などは時価評価されます。
- 金融活動の損益は，営業活動からの損益と区別して損益計算書に記載します。

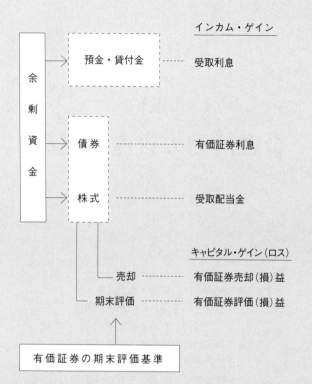

VII 金融活動の資産と損益

1 余剰資金の運用

　企業の主たる経済活動は，財貨やサービスの生産と販売であり，これらは営業活動とよばれます。これまでに学習した売掛金や受取手形などの売上債権，商品や原材料などの棚卸資産，有形および無形の固定資産は，いずれもそのような営業活動に関連して企業が保有している資産です。営業活動からの売上債権を回収して得られた資金の多くは，再び営業活動に投資されて棚卸資産や固定資産になります。

　しかし営業活動に必要とされる以上の余剰資金が生じれば，企業はそれを預貯金や株式などの金融資産に投資して，利子や配当の獲得をめざします。このような余剰資金の運用は，銀行借入や社債発行による資金の調達とあわせて，「金融活動」とよばれます。企業が金融活動のために保有する主要な資産には，預金・有価証券・**貸付金**などがあります。このほか最近は，金融技術の発達により，新しい金融商品が次々と開発されてきました。

　これらの資産は，その性質により流動資産たる部分と固定資産たる部分に分類して，貸借対照表に計上されます。この区分の基準は後で説明しますが，相対的に短期のうちに換金することを意図して運用している部分が流動資産となり，その他の部分が固定資産となります。流動資産たる現金預金と有価証券の合計は，ただちに支払手段として利用できる性質をもっていますから，**手元流動性**とよばれることがあります。またこれに受取手形と売掛金を加えた4資産を総称して，**当座資産**といいます。

121

金融活動の成果には，インカム・ゲインとキャピタル・ゲインがあります。インカム・ゲインとは，預金や貸付金から生じる受取利息，および株式から得られる受取配当金のことです。他方，キャピタル・ゲインは，有価証券を買値より高く売ることから得られる売却益です。逆に売値の方が買値より低ければ，売却損が生じます。このほか有価証券の時価が取得原価を下回ったため評価減が行われると，評価損が計上されます。金融活動に関連するこれらの収益や費用・損失は，本来の営業活動から生じた収益・費用とは区別して，損益計算書に記載されます。

2　現金および預金

(1)　現金預金の範囲

　現金と短期の預金は，「現金および預金」として貸借対照表の最初に記載されます。現金には，単に紙幣と通貨だけでなく，金銭と同一の性質をもつものが含まれます。たとえば得意先から受け取った小切手でまだ銀行に預け入れていないものや，金融機関に持参して配当金を受け取るための配当金受領書がそれです。

　預金には，銀行や信託会社その他の金融機関に対する各種の預金・貯金・掛金ならびに金銭信託が含まれます。預金のうち，決算日の翌日から起算して1年以内に期限が到来するものは，流動資産として取り扱われます。それ以外の長期の預金は，固定資産のうちの「投資その他の資産」に分類されます。したがって当初の預け入れ期間が1年を超える預金であっても，決算日からみて1年

以内に期限が到来するようになったものは流動資産です。企業が一般に保有する銀行預金には，当座預金・普通預金・通知預金・定期預金などがあります。

　キャッシュ・フロー計算書で資金とされる金額に含まれるのは，これらの現金および預金の合計から，預入期間が3ヶ月を超える定期預金を除いた残額です。

(2)　現金預金の管理

　企業は，現金の盗難や紛失をなくし，また出納と保管の手数を削減する目的で，金銭の受け払いに小切手や銀行振込を利用することにより，手持ちの現金をできるだけ少なくするよう努めています。しかし頻繁に生じる日常的な少額の支払のつど小切手を振り出したり銀行振込をすることは不便ですから，支払担当者に少額の現金を前もって渡しておき，日常的な支払に充てさせるのが一般的です。

　この前渡金を小口現金といい，その金額が一定額に固定されている場合を，定額資金前渡制度といいます。この方式のもとでは，週または月のはじめに一定額が支払担当者に小切手で前渡しされ，週末または月末に担当者から支払明細の報告を受けるとともに，報告された支払額と同額の資金が小切手で補給されます。このようにして支払の領収書と手持ちの現金の合計が，当初に交付した一定額と常に合致することを利用して，現金の管理を行うのです。

　現金の収支はすべて現金出納帳に記入し，手元の現金在高を帳簿上の残高と照合することにより，厳密な管理を行わなければなりません。万一，現金の手許在高が帳

簿残高と一致しないことに気づいたときは，原因の調査をしなければなりません。調査しても原因が決算期までに判明しなければ，不一致の額を雑損失または雑収入として，損益計算書に計上します。

また預金のうち，とくに当座預金については預け入れと引き出しが頻繁に生じますから，当座預金出納帳を作成して記録するとともに，自社の当座預金口座の出納記録の写しを取引銀行から取り寄せて，当座預金出納帳と照合することにより，これを管理しなければなりません。また月末や決算日には，銀行から残高証明書を入手して，自社の帳簿残高と突き合わせます。銀行の記録と自社の記録に不一致があれば，原因を明らかにするとともに，必要に応じて自社の記録を修正します。不一致の原因の多くは，自社と銀行の記帳処理に時間的なズレがあることによるのが一般的です。

3　有価証券の範囲と区分

会計上で**有価証券**とは，金融商品取引法の第2条第1項に列挙された証券をいいます。①株式や新株予約権証書などの持分証券，②国債・地方債・社債などの負債性証券，および③証券投資信託や貸付信託の受益証券などがその代表的なものです。株式会社以外の会社や各種の協同組合に対して出資した額は，有価証券ではなく**出資金**として取り扱われます。

有価証券は，企業がそれを保有する目的により，次の4種類に区分することができます。第1は，時価変動から利益を得ることを目的に所有する市場性のある株式や

VII 金融活動の資産と損益

債券などで,「売買目的の有価証券」とよばれます。第2
は,利子を得るために,満期まで継続して所有する意図
をもって保有する社債などの債券で,「満期保有目的の
債券」と名づけられています。第3は,子会社株式と関
連会社株式です。これらの株式は,その企業を支配した
り大きな影響力を行使する目的で保有されています。第
4は,これら3つ以外の目的で保有されている株式など
で,「その他有価証券」とよばれています。営業上の密接
な関係を維持するために相互に持ち合いしている株式が
その例です。

これらのうち流動資産となるのは,売買目的の有価証
券と,債券のうち満期までの期間が1年未満のものだけ
であり,これ以外は固定資産に分類されます。そして流
動資産に分類されたものは「有価証券」の名称で,また
固定資産に分類されたものは**「投資有価証券」**の名称で
貸借対照表に記載されます。投資有価証券のうち関係会
社の株式と社債については,それぞれ「関係会社株式」
および「関係会社社債」として,別科目で記載しなけれ
ばならないことになっています。

なお,会社がいったん発行した自社の株式を取得して
保有しているとき,その株式を**自己株式**といいます。た
とえ自社の株式であっても,それ自体は経済的な価値を
もっており,会社の金庫に大切に保管されることから,
金庫株ともよばれます。

自己株式の取得は,かつて会社が資本調達のために発
行したものを買い戻すわけですから,資本の払い戻しの
性質をもっています。したがって資本充実に反して,債
権者の権利を害するなどの理由で,わが国では長らくそ

の取得が商法で禁止されてきました。

しかし2001年10月以降は，株主総会の決議を経て，分配可能な剰余金の範囲内で行うのであれば，自己株式を自由に取得し保有することができるようになりました。取得した自己株式は，第三者への売却のほか，他企業を合併する場合の対価やストック・オプションとして交付するなど，さまざまな用途に利用されます。

自己株式は，会社の金庫に保管されていても，貸借対照表に資産として計上するのではなく，資本の払い戻しの性質をもつことを考慮して，株主資本の金額から控除する形式で記載します。

4 有価証券の取得原価と期末評価

(1) 取得原価

有価証券の取得方法には，さまざまな態様がありますが，発行済みの証券を市場で購入する場合と，新たに発行される証券に応募して払い込みにより取得する場合が，その代表的な方法です。

購入した有価証券の取得価額は，購入代価を基礎とし，これに買入手数料などの付随費用を加算して決定します。すでに保有しているのと同じ銘柄の有価証券を，以前とは異なった価額で取得したときは，総平均法または移動平均法を適用して，単位当たりの新たな取得原価を算定します。

払い込みにより取得した有価証券は，その払い込んだ金額が取得価額となります。すでにその株式を保有している会社が実施した増資に伴って払い込みを行い，新株

式を取得した場合には，新旧株式の単価を加重平均し，1株当たりの新たな取得価額を算定します。

(2) 期末評価

かつて有価証券の評価は，商品や原材料などの棚卸資産と同様に，取得原価によることを原則としてきました。しかし2000年4月1日以降に開始する事業年度からは，所定の有価証券が時価で評価されるようになりました。次の表は，新しい会計基準が規定する期末の評価基準，およびそれによって生じた評価差額の取り扱いを要約したものです。

有価証券の種類		評価基準	評価差額の取り扱い
1	売買目的の有価証券	時　価	損益計算書に計上して利益計算に含める。
2	満期保有目的の債券	償却原価	取得原価での評価からは評価差額は生じない。
	子会社株式・関連会社株式	取得原価	償却原価法による増額・減額分は，損益計算書に計上して，利益計算に含める。
	その他の証券（時価なし）	取得原価償却原価	
3	その他の証券（時価あり）	時　価	①純額を純資産に直入するか，②評価差損を損失に計上し，評価差益を純資産に直入する。

新しい会計基準の特徴は，有価証券を保有目的で分類し，異なった基準で評価を行う点にあります。たとえば時価変動を利用して投資利益を得ようとする金融資産としての有価証券は，時価で評価します。しかし事業の遂行のために他企業を自社集団に取り込む目的で保有する有価証券は，事業用の資産ですから，原材料や機械と同

じく取得原価で評価するのです。

　表に示した方法によれば、売買目的の有価証券から成る第1グループは、期末ごとに時価で評価し、生じた差額を当期純利益の計算に含めます。

　第2グループの有価証券は、取得原価で評価しますが、取得原価が額面金額と異なる債券は**償却原価法**を適用します。ここに償却原価法とは、額面金額（たとえば100万円）と異なる価額（たとえば94万円）で有価証券を取得した場合、その差額（ここでは6万円）を満期までの期間（たとえば3年）にわたり各年度に配分して（均等なら毎年2万円ずつ加算）、有価証券の評価額を額面金額へと調整していく方法です。第2グループには、満期ま

COFFEE BREAK

———— オフバランス取引 ————

　近年における金融テクノロジーの進化により、企業の金融活動は、デリバティブとよばれる金融派生商品の取引へと拡大しています。これには①国債などの金融資産を将来に受け渡しするときの価格を前もって現時点で約束しておく「先物取引」、②将来に一定の価格で特定の金融資産を買う権利または売る権利を現時点で売買し、権利の買い手はその権利を行使しても放棄してもよいという「オプション取引」、および③2つの企業が債権（または債務）の利子や元金を将来において受け取る権利（または支払う義務）を現時点で交換する「スワップ取引」があります。従来、これらの取引は、将来の決済時まで貸借対照表に計上しないことから、オフバランス取引とよばれました。しかし2000年4月以降に開始する年度から、取引対象物の時価変動による含み損益を、決算時に資産・負債に計上するようになりました。

で保有する目的の債券，子会社株式と関連会社株式，および前述以外の有価証券で時価の把握が困難なものが含まれます。

「その他有価証券」で時価を把握できるものについては，第3グループとして，時価での評価が行われます。企業が保有する株式などの銘柄の中には，評価益を生じたものと評価損を生じたものがありますが，これらの評価差額は次の①または②の方法で取り扱います。すなわち，①評価益と評価損を相殺し，評価差額の純額を貸借対照表の純資産の部に計上する（これを**純資産直入**という）か，②評価益は貸借対照表の純資産の部に直接に計上するが，評価損は損益計算書に損失として計上して，当期純利益の計算に含めます。

なお，第2グループと第3グループの有価証券については，次の2つの場合に評価損の計上が強制されます。①市場価格のある有価証券の時価が著しく下落し，回復する見込みがあると認められる場合以外，および②市場価格のない株式について，発行会社の財政状態の悪化により実質価額（1株当たりの純資産額）が著しく低下した場合がそれです。実務上は，時価や実質価額が帳簿価額の50％を割り込んで低下した場合，必ず評価減を行わなければならないことになっています。

5　資金運用の損益

企業活動から生じる収益や費用は，①本来の営業に関する収益・費用，②経常的な金融活動に関する収益・費用，③臨時的な原因で特別に生じた利得や損失という3

種類に区分して損益計算書に記載されます。余剰資金の運用から生じる損益についてもこの分類が適用され，次のような区分が行われます。

まずインカム・ゲインはすべて，経常的な金融活動からの収益として分類されます。これには預金や貸付金から得られる**受取利息**，株式からの**受取配当金**，公社債から得られる利息があります。このうち公社債から得られる利息を，とくに**有価証券利息**とよんで，預金や貸付金からの利息と区別することがあります。

次に，**有価証券売却損益**は，その有価証券が流動資産に分類されていたものであれば，経常的な金融活動の収益・費用とし，固定資産に分類されていたものであれば，特別に生じた利益や損失として区分します。他方，**有価証券評価損益**についても売却損益に準じて処理する考え方が有力ですが，強制評価減による多額の評価損だけを特別な損失に分類し，それ以外は経常的な金融活動の収益・費用とする考え方もあります。

[VIII]
営業上の負債と他人資本

- 負債には，営業活動に関連して生じた未払代金と，他人資本の調達額が含まれます。
- 借入金と社債は他人資本の有力な調達手段です。
- 当期の企業活動に起因する将来の資産減少の見積額のうち，所定の要件を満たすものは，引当金として負債に計上しなければなりません。
- 偶発債務は財務諸表に注記して，利用者の注意をうながします。

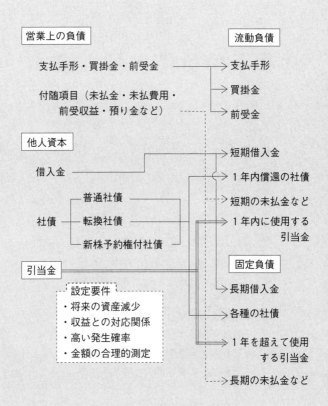

VIII　営業上の負債と他人資本

1　負債の範囲と区分

　前章までに解説した資産が，将来の収益の獲得に役立
つような企業の経済的資源を表すのに対し，この章で取
り扱う**負債**は，将来期間において企業の資産を減少させ
るような経済的負担を表しています。資産が流動資産と
固定資産に区分されたのと同様に，負債も相対的に短期
のうちに資産を減少させる項目が**流動負債**に分類され，
それ以外は**固定負債**に分類されます。

　負債の項目の多くは，企業が商品や原材料などの財貨
またはサービスを取得し，その代価の支払が完了してい
ないことに起因して生じています。また銀行からの借り
入れや社債の発行などの方法で資金を調達した場合のよ
うに，資金調達に関連して生じている負債項目もありま
す。これらの負債は，営業取引から生じたものであれ，
資金調達によって生じたものであれ，いずれも法律上の
債務に該当します。

　そのような法律上の債務はさらに，確定債務と条件付
債務に分類できます。ここに確定債務とは，買掛金・支
払手形・借入金・社債などのように，現時点ですでに企
業の支払義務が確定している債務をいいます。他方，条
件付債務は，将来において何らかの事象が生じたときに
はじめて，企業の支払義務が確定するような項目です。
たとえば企業が労働組合との労働協約に基づいて負担す
ることになる退職金の支払義務は，従業員の退職という
将来事象の発生を条件として確定する債務ですから，条
件付債務になります。販売時の製品の保証から生じる将

133

来の無料修理義務も同様の条件付債務です。

　これらは条件付ではありますが，将来期間において現金支出や資産減少をもたらすことが現時点で合理的に予想できます。したがってそのような条件付債務もまた確定債務と同様に，負債として計上しなければなりません。このような論拠によって負債に計上されるのが，退職給付引当金・製品保証引当金・工事補償引当金などの項目です。

　しかしこれ以外に，法律上の条件付債務に該当しなくても，将来において企業の資産を減少させることが現時点で合理的に予想されるような経済的負担が，企業には存在しています。たとえば生産設備を使用したことによって，将来必ず実施されなければならないような修繕の必要性がそれです。修繕は決して法律上の義務ではありませんが，企業にとって避けられない経済的負担であれば，これもまた負債に計上しなければなりません。法律上の債務に該当しないこのような負債は，会計的負債とよばれることがあります。

　以上のようにして貸借対照表に計上される負債には，法律上の確定債務と条件付債務，および債務ではない経済的負担の3種類の項目が含まれることになります。

2　営業上の負債

　企業が行う主たる営業活動に伴って生じる負債には，買掛金・支払手形・前受金の3つがあります。**買掛金**は，代金を後日に支払うことを約束して，商品や原材料を仕入れたことにより発生した営業上の未払代金です。また

支払手形は，仕入先との間の通常の取引の対価として，相手に手形を渡したことによって生じた手形上の債務をいいます。他方，商品や製品の代価を前もって受け取った場合には，将来において商品等を引き渡すべき義務を表すものとして，**前受金**が負債に計上されます。これらはすべて営業取引から直接的に生じた項目ですから，流動負債に分類されます。

このほかにも営業活動に付随して生じる負債があります。たとえば①固定資産や有価証券の購入など，企業の主たる営業活動以外の取引から生じた未払額を示す**未払金**，②資金の借入など，一定の契約に基づいてサービスの提供を受ける場合に，すでにサービスの提供を受けた期間の対価をまだ支払っていないときに計上される未払利息などの**未払費用**，③賃貸している不動産の賃貸料を前もって受け取った場合に生じる前受賃貸料のような**前受収益**，④従業員給与にかかる源泉所得税や社会保険料の預かり額，および従業員の社内預金の預かり額などの**預り金**がそれです。

3　他人資本の調達に伴う負債

企業が必要資金を他人資本の形で調達したことから生じる負債には，借入金と社債があります。これらの負債は，実際に利子の支払を必要としますので，**有利子負債**とよばれることもあります。借入金と社債は，決算日からみて返済期限が1年以内に到来する部分を流動負債とし，1年を超えて返済期限が到来する部分を固定負債として分類します。

(1) 借入金

銀行などから資金の借り入れをする方法には，借用証書による借り入れと，手形を交付して行う借り入れがありますが，貸借対照表ではどちらも**借入金**として処理します。なお借り入れのために発行された手形は，借入金の満期まで銀行などの債権者が借用証書の代わりに保管するのが通常ですが，当初から第三者に転売することが予定されている場合もあります。このような手形をとくに**コマーシャル・ペーパー**とよんで，貸借対照表の上で一般の借入金とは区別する場合があります。

借入金から生じる利息は，金融活動から生じた経常的な費用として損益計算書に計上されます。

(2) 各種の社債による資金調達

社債は，有価証券の一種である社債券を発行して資金を調達したことから生じる債務です。株式を発行して調達した資金は，会社の自己資本となりますから返済を要しませんが，社債券は一種の借用証書ですから，その発行によって調達した資金は，満期時に返済すべき債務となります。

会社法で発行が認められた社債には，普通社債，転換社債，新株予約権付社債の3種類があります。このうち**普通社債**は，その発行企業が購入者に対して，満期日まで定期的に所定の利子を支払うとともに，満期日にそれを償還して額面金額の返済を行うことを約束した債務です。他方，**転換社債**はそのような普通社債の性質に加えて，その所有者が要求すれば一定の条件で株式に転換できる権利が付与された社債をいいます。また**新株予約権**

付社債は，その保有者が前もって決められた金額を払い込んで新株式を引き受ける権利が付与された社債です。

転換社債と新株予約権付社債は，普通社債に転換権または**新株予約権**を付加して社債投資の魅力を高めることにより，企業の資金調達を促進するのに役立っています。また普通社債より低い表面利率で発行できること，新株発行の可能性がある点で自己資本の充実にも役立つなどの利点があります。

(3)　普通社債の発行と償還

普通社債は，発行後に定期的に利息が支払われ，満期時またはそれ以前に償還されます。社債の発行から償還までの会計処理の要点は次のとおりです。

①社債は取締役会の決議によって発行されます。普通社債の場合には，社債総額・利率・発行価額・期間・償還方法などが，その決議において決定されます。

②社債の発行後償還までの期間の所定の利払日には，前もって定められた利率で**社債利息**が支払われます。社債利息は，経常的な金融活動からの費用として損益計算書に計上します。

③社債の発行価額が額面価額より低いことがよくあります。たとえば額面100万円の社債を94万円で発行する場合がそれです。社債の表面上の利子率を低く設定すれば，社債を額面どおりの金額で発行しようとしても買い手がつきませんから，このような割引発行が行われるのです。従来の商法は，この社債を額面の100万円で負債に計上するよう求めてきましたが，新しい会社法では実際の発行価額94万円で計上することになりました。

しかし満期償還時には額面100万円を返済しなければなりません。そこで額面との差額6万円は，償還までの年数（たとえば3年）にわたり各年度に配分（均等なら毎年2万円ずつ加算）して，社債の計上額を額面金額へと徐々に増額していくのです。増額分は金利の調整ですから，社債利息とあわせて損益計算書に計上します。この会計処理の方法を**償却原価法**といいます。

　④社債の発行には，各種の印刷費，募集の広告費，銀行や証券会社の取扱手数料などの支出を要します。この金額は支出時に費用として損益計算書に計上するのが原則です。しかし調達した資金は，その後の会社の経済活動に利用され，利益の獲得に貢献します。したがってこの支出は**社債発行費等**という名前で，繰延資産として計上することができます。資産計上した社債発行費は，社債の償還までの期間にわたり徐々に取り崩して，損益計算書に金融活動の費用として計上します。

　⑤社債の償還には，満期償還と途中償還があります。途中償還は，満期時の全額償還に要する資金負担を緩和するために行うもので，通常は社債発行後一定期間を据え置いた後に実施します。その方法には，発行会社が抽選で決定した番号の社債を保有者から額面金額で買い戻す「抽選償還」と，証券市場で流通する自社の社債を市場価格で買い入れて消滅させる「買入消却」があります。社債を途中償還した場合には，償還された部分に対応する社債発行費を取り崩します。

(4)　転換社債と新株予約権付社債

　転換社債は，株式に転換できる権利を付与された社債

VIII　営業上の負債と他人資本

です。したがってその発行に際しては、株式への転換の条件を前もって取締役会で決議したうえで投資者に公表しておかなければなりません。この条件は、社債の発行価額のたとえば600円分で1株式の交付を受けることができるというような形の「転換価格」によって決められます。そしてその会社の株価がどんなに高くなっても600円分の社債で1株式を受け取れるわけですから、株価が転換価格を超えると、株式への転換請求が増えます。株式への転換が行われると、社債は消滅して株式が発行されます。

他方、新株予約権付社債は、所定の金額の払い込みにより、新株式を引き受ける権利を付与された社債です。したがってその発行に際しては、新株予約権の「行使価格」——何円の払い込みにより新株式1株を引き受けることができるか——を前もって取締役会で決議し、投資者に公表しておかなければなりません。この社債の保有者は、会社の株価がどんなに高くなっても前もって決められた行使価格分の払い込みをすることで1株式を受け取れるわけですから、株価が権利行使価格を超えると、新株予約権の権利行使が行われます。権利行使には、行使価格に相当する現金の払い込みが必要とされます。これによって新株式が発行され、社債部分は新株予約権のない普通社債に変化して存続します。

このように転換社債には株式への転換権が付与され、また新株予約権付社債には新株予約の権利が付与されています。したがってこれらの社債の発行時に投資者が会社に払い込む金額のなかには、普通社債の払込額に相当する部分と、株式転換権または新株予約権の評価額に相

139

当する部分の両方が含まれています。

たとえばある会社が，額面100万円の新株予約権付社債を，額面どおり100万円で発行したとします。またこの会社が利子率や償還期間がこれと同じ社債を普通社債として発行しようとすれば，95万円の発行価額でしか発行できなかったとします。このとき100万円の発行価額のうち，95万円が社債本体の払込額であり，残りの5万円は新株予約権の評価額であると考えられます。

この事実を忠実に表現するには，社債の本体が割引発行されたものとして，95万円で負債の部に計上します。また新株予約権の評価額の5万円は，権利行使されたときに追加的な払込額とあわせて，会社の資本金となります。もし権利行使されないまま無効になれば，当期純利益に含められて，会社の留保利益が増加します。

いずれにせよ会社の純資産を増加させることになりますから，新株予約権の評価額は，貸借対照表の純資産の部に掲載します。ただし，現時点ではまだ株主にはなっていませんから，すでに株主である人々に帰属する株主資本とは区別して計上します（148頁参照）。

4　引当金

(1)　引当金の本質と要件

買掛金・借入金・社債などの確定債務のほかに，将来において企業の資産を減少させるような経済的負担は，その原因が当期またはそれ以前に存在する限り，引当金として負債に計上しなければなりません。そして引当金への繰入額は，当期の収益に対応づけられる費用または

VIII　営業上の負債と他人資本

損失の項目となります。

　したがって**引当金**は，当期またはそれ以前の企業活動の結果として生じる将来の資産減少の見積額のうち，当期の負担に属するものとして収益に対応させるべき額を費用または損失として計上すると同時に，将来の資産減少をもたらす経済的負担を負債として認識するために設定される負債項目であるといえます。このため引当金の設定は，収益と費用・損失の因果関係を基礎とする対応原則に基づいて，当期の収益に負担させることが妥当な項目のみに限定されなければなりません。

　適正な期間損益の算定という目的からみて，引当金が妥当なものとして認められるために満たさなければならない要件は，次のとおりです。①将来の特定の費用または損失に関するものであること（将来の資産減少）。②その費用・損失の発生が，当期またはそれ以前の事象に起因していること（収益との対応関係）。③その費用・損失の発生の可能性が高いこと（高い発生確率）。④その金額を合理的に見積もることができること（客観的な測定可能性）。

　第4章で解説した貸倒引当金を例にとって，これらの要件が満たされているか否かを検討してみましょう。①**貸倒引当金**は，売掛金などの貸し倒れに伴って発生する将来の資産減少に関して設定されるものです。②また発生の原因は，当期またはそれ以前に信用販売で売上を促進したことにありますから，収益との対応関係が認められます。③しかも貸し倒れは信用販売が行われる限り不可避的に発生するものです。④さらにその金額は過去の経験に照らして合理的に見積もることができます。

141

次に，企業が負担する退職金の支払義務に関して設定される**退職給付引当金**を検討します。①退職給付引当金は，将来における退職金支払に伴う企業の資産減少に関するものです。②また退職金は，各従業員が過去から当期まで勤続してきたことを原因として支払われます。③さらに退職金の支払は雇用契約などで確約されていますから，ほぼ100％の発生確率をもっています。④しかも企業が内規として定めている退職金支給基準に準拠して，将来の支給額を合理的に見積もることができます。

このように貸倒引当金も退職給付引当金も，4つの要件をすべて満たしています。しかし将来において万一，大地震が発生した場合の損失に備えて設定する地震損失引当金は，要件①には合致していても，②③④の要件は満たさないのが通常です。したがって地震損失引当金の設定は正当化されず，またそのような引当金への繰入額を費用・損失として計上することはできません。

(2) 引当金の種類と区分表示

引当金は，その性質により，資産から控除する引当金と，負債として計上する引当金に大別されます。売掛金などに対する貸倒引当金は前者の例であり，売掛金などからの控除によって債権の回収可能価額を評価していると考えられるところから，**評価性引当金**とよばれることがあります。

他方，負債として計上する引当金には，前述の退職給付引当金のような「条件付債務」と，修繕引当金に代表されるような「債務以外の経済的負担」が含まれます。これらは**負債性引当金**とよばれることがあります。

VIII 営業上の負債と他人資本

これらの引当金のうち評価性引当金は，前述のとおり，資産項目から控除する形で貸借対照表に表示されます。また負債性引当金は，通常1年以内に使用されることが見込まれるか，1年を超えて使用されるかにより，流動負債と固定負債に区分して貸借対照表の負債の部に表示されます。ボーナスの支払に備えて設定する賞与引当金や，故障時無料修理の約束で販売した製品の修理費の支出に備えて設定する**製品保証引当金**などは，流動負債です。退職給付引当金は長期間を経たのちに使用されますから，固定負債に分類されます。

なお会計理論上は正当な引当金とは認められませんが，引当金と混同されやすい項目として，**利益留保性の準備金**があります。たとえば海外への投資に関連して生じるかもしれない損失に備えるための海外投資等損失準備金や，将来に起きるかもしれない地震による損失に備えるための地震損失準備金がそれです。これらの項目は，引当金の設定に関する前述の要件を満たしませんから，準備金への繰入額を費用とすることはできません。したがってこれらの準備金が必要であれば，次の章で説明する剰余金の処分において任意積立金として設定しなければなりません。

5　偶発債務

偶発債務とは，いまのところ現実の債務にはなっていないが，将来において一定の事象が生じた場合に，当該企業の負担となる可能性のあるような債務をいいます。たとえば会社が裁判で訴えられていて，裁判で負けた場

合に生じる損害賠償義務などの債務がその例です。偶発債務が万一，現実の債務になった場合には，企業に多大な損失と負債をもたらして，経営成績と財政状態に重大な影響を及ぼすおそれがありますから，会計上でも適切な対処が必要とされます。

　財務諸表における偶発債務の取り扱いには，引当金を設定する方法と，注記による開示の方法が考えられます。偶発債務が現実の債務となって損失をもたらす可能性が高く，またその損失金額を合理的に見積もることができる場合には，引当金の設定要件が満たされることになりますから，これに対して引当金を設定しなければなりま

COFFEE BREAK

—————— 退職給付引当金 ——————

　退職給付引当金は，従業員の将来の退職により企業が支払わなければならない退職一時金や退職年金の支給に備えて設定する引当金です。当期の勤労によって企業に生じた支払義務額に，将来の支払時点までの金利が加算されて，将来に支払が行われるわけですから，当期末現在では，将来の支払見積額から金利分を控除した残額を，退職給付引当金に計上しておく必要があります。ただし生命保険会社や信託銀行と契約を結び，会社が定期的に掛金を払い込んで，支払財源としての年金資産を形成している場合には，その資産評価額を控除した残額についてだけ退職給付引当金を設定すれば十分です。このようにして算定される退職給付引当金が期首から期末までの1年間に増加した金額は，当期の人件費になります。現在の日本企業には，従業員の高齢化，年金資産の運用難や時価下落などの要因により，多額の退職給付引当金を設定する必要が生じています。

VIII 営業上の負債と他人資本

せん。

　しかし偶発債務が現実の債務となることが，ある程度まで予想できても，その可能性が高いとはいえない場合や，偶発債務に伴う損失額の合理的見積もりができない場合には，引当金を計上することはできません。したがってこの場合には，偶発債務の内容を貸借対照表に注記することにより，財務諸表の利用者の注意を喚起する必要があります。

　このような偶発債務には，前述の訴訟の例のほか，次のような項目があります。

　①**手形遡求義務**……手形の割引や裏書譲渡を行った者は，もし手形上の主たる債務者が期日に手形金額を弁済できないとき，主たる債務者に代わって手形金額の支払に応じなければならない義務を負っています。

　②**債務保証**……子会社など他の企業の債務を保証した場合，主たる債務者が債務不履行に陥れば，保証人が主たる債務者に代わって債務を履行する責任を負います。

[IX]

資本の充実と剰余金の分配

- 貸借対照表の「純資産の部」は，株主資本，評価・換算差額等，および新株予約権に3区分されます。

- 株主資本はさらに，株主からの払込資本を源泉とする資本金および資本剰余金と，留保利益である利益剰余金に分類されます。

- 会社法は，債権者を保護する目的で，配当金として分配できる上限額を，貸借対照表に基づいて規制しています。

			負債		
資	純	株	払込資本	資本金	
				資本剰余金	資本準備金
		主			その他資本剰余金 資本金減少差益 自己株式処分差益
	資	資	留保利益	利益剰余金	利益準備金
		本			その他利益剰余金 任意積立金 繰越利益剰余金
			自己株式（減算）		
産	産	評価・換算差額等			
		新株予約権			

剰余金

1 資本の意味と区分

資本という用語はさまざまな意味で用いられますが、会計で最も一般的な用法は、負債に対するものとしての資本、すなわち他人資本に対する**自己資本**としての意味においてです。[資産＝負債＋資本]という貸借対照表等式における資本は、まさにこの意味で用いられています。

この意味での資本は、次の2つの部分から構成されます。1つは、企業にとっての元本たる部分であり、事業主の拠出額がこれに該当します。株式会社の場合は、株主による払込額が企業にとっての元本となります。いま1つは、元本から得られた果実のうち、事業主に分配されずに企業内に留保され、事業に再投資された部分です。この第2の資本部分は、稼得資本とか留保利益とよばれます。

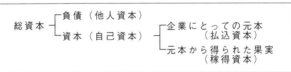

個人企業の場合、獲得した利益はすべて事業主に帰属します。したがって利益は、事業主の持分を意味する資本金へ直接に振り替えて合算すればよく、元本たる**払込資本**と果実たる稼得資本を区別する必要はありません。このようにして個人企業では、払込資本と留保利益の両方を資本金として一括して把握するだけで十分ですから、会計処理は非常に単純です。

しかし株主の有限責任の制度をとる株式会社にあって
は，債権者の権利は会社の財産によってのみ保証される
にすぎませんから，債権者保護のために会社の自己資本
を充実させることが重要になります。したがって会社の
純資産額を，企業内に維持すべき部分と，株主への配当
等として社外に流出しうる部分に明確に区別し，維持す
べき資本部分は分配しないようにしなければなりません。
また持ち合い株式など，時価評価した資産について取得
原価との間で生じた差額のうち，貸借対照表に純資産と
して計上する項目も，区別して把握する必要があります。

　これらのことを考慮して，貸借対照表の純資産の部は
まず，①株主資本，②評価・換算差額等，および③新株
予約権に大別したうえで，さらに次のように細かく区分
されます。

```
株主資本
　資　本　金
　資本剰余金
　　資本準備金
　　その他資本剰余金
　利益剰余金
　　利益準備金
　　その他利益剰余金
　　　任意積立金
　　　繰越利益剰余金
　自己株式（減算）
評価・換算差額等
　その他有価証券評価差額金
新株予約権
```

　①の**株主資本**は，すでに会社の株主である人々が過去
に払い込んだ資本の元本と，それを活用して獲得した利
益の蓄積分から構成されます。②の**評価・換算差額等**は，

持ち合い株式など所定の資産を時価評価した場合の，取得原価との差額を記録する項目です。③**新株予約権**は，将来に株主になるであろう人々の払込額ですから，すでに株主である人々に帰属する株主資本とは区別して把握します。

　株主資本については，払込資本と留保利益を明確に区別することが重要です。すでに第3章で説明したように，企業会計原則の一般原則の1つに，「資本取引と損益取引を明瞭に区別し，特に資本剰余金と利益剰余金とを混同してはならない」とする原則があります。

　資本剰余金は株主の拠出額の一部として会社の元本になりますから，会社法が例外的に許容している部分を除いて，原則として分配できません。しかし**利益剰余金**は，会社が獲得した利益が源泉ですから，とくに配当不能とされた利益準備金を除いて，分配することができます。自己株式は，かつて資金調達のために発行した株式の払い戻しを意味しますから，株主資本の全体から控除されます。

　この章は，株式会社の形態をとる企業を前提として，会社法に規定された資本の充実と利益の分配をめぐる諸問題を解説します。

2　資本金と資本剰余金

　株式会社の資本金は，会社の設立時に株主が資金を拠出することによって形成され，その後の増資によって増加します。

(1) 会社の設立

　株式会社は，発起人が事業の目的などを定めた定款を作成し，株式を発行して株主から資金の払い込みを受け入れることによって成立します。定款には，会社が発行できる株式の総数（**発行可能株式数**といいます）も定められますが，その全部を設立時に発行する必要はなく，発行可能株式数の4分の1以上を発行すればよいことになっています。残りの未発行株式は，自己資本を追加的に調達する必要が生じた時点で，株主総会を開催することなく取締役会の決議を経るだけで，機動的に発行することができます。また未発行株式数が少なくなってくれば，株主総会での決議を経て定款を変更することにより，発行可能株式数の枠をその時点での発行済株式数の4倍まで増加することができます。これを授権資本制度とよびます。

　かつて株式は，その券面上に額面金額が印刷されているか否かにより，額面株式と無額面株式に分類された時代がありました。そして当時は株式の発行価額は5万円以上でなければならないとされていました。また株式会社の資本金は1,000万円以上でなければならないとする規制もありました。

　しかしこのような規制は会社の設立や資金調達の妨げとなるおそれがあることから，株式の最低発行価額の規制は2001年10月から廃止され，最低資本金の規制も2006年5月から廃止されました。この結果，現在では株式の発行価額を自由に決定して株式会社を設立することができるようになっています。

　株式の発行と引き替えに株主が会社に払い込んだ金額

IX　資本の充実と剰余金の分配

は，その全額を**資本金**に組み入れるのが原則です。しかし発行価額の2分の1までは資本金としないことが，会社法によって許容されています。

後で説明するように会社法は，現金配当など会社の財産の流出を伴う剰余金の分配を行うつど，利益の一部を利益準備金として社内に積み立てることを要求しています。この積立は，資本準備金と利益準備金の合計額が，資本金の4分の1に達するまで行わなければなりません。しかも積み立てた利益準備金の額は分配不可能な部分とされます。このため資本金の額が多いほど分配不可能とされる利益も多くなります。したがって企業は，そのような拘束額を最小にする目的で，会社法上の最低限度しか資本金に組み入れないのが普通です。

資本金に組み入れた部分は，会社法上の**法定資本**となります。資本金に組み入れない部分は**株式払込剰余金**とよばれ，**資本準備金**の1項目として積み立てなければなりません。

(2)　増資

会社は資金調達の必要が生じたとき，発行可能株式数の範囲内で自由に新株式を発行し，出資者からの払い込みを受け入れて資本金を増加させることができます。このようにして株式会社の法定資本を増加させる取引を**増資**といいます。通常の新株発行は，増資の最も一般的な形態です。

新株の発行価額は，その全額を資本金に組み入れるのが原則です。しかし会社設立の場合と同様に，発行価額の2分の1までは資本金に組み入れないことができるこ

153

とになっています。資本金に組み入れない部分は株式払込剰余金とよばれ、資本準備金の1項目として積み立てるべきことは会社設立の場合と同じです。

このほか、会社の資本金を増加させる取引には、転換社債の株式への転換、新株予約権付社債の権利行使による株式発行、株式を交付して行う他の企業の吸収合併などがあります。通常の新株発行を含めて、これらの取引はすべて、会社の法定資本の金額を増加させるだけでなく、外部から資金が払い込まれたり負債が自己資本に変化することにより、会社の純資産額をも増加させます。これらの取引のうち、他企業の合併について、もう少し詳しくみておきましょう。

合併の会計処理にはパーチェス法および持分プーリング法という2通りの方法が考えられます。合併後の議決権比率が50％対50％に非常に近いなど、真の対等合併と判断される若干の場合には、どちらの会社も支配を失いませんから、貸借対照表の内訳項目や帳簿価額が引き継がれます。これが**持分プーリング法**です。

しかしそれ以外の大部分のケースでは、強い方の会社が弱い方の会社を買い取ったと考える**パーチェス法**が適しています。この方法を適用するには、被取得企業の資産と負債を時価で評価し、対価として交付される取得企業の株式も、上場会社なら時価で発行価額を把握します。発行価額のうち前もって決められた額は資本金とされますが、残りは資本準備金に含められます。なお対価たる株式の発行価額が、合併で承継した純資産を超える金額は、被取得企業の超過収益力を評価した部分ですから、**のれん**として資産計上します。たとえば次の例示で合併

の対価として時価1万円の株式70株を発行し，発行価額のうち30万円を資本金とした場合，この取引は図示したように会計処理されます。

被合併会社の貸借対照表		合併で増加する金額	
資　産　100 （時価110）	負　債　60 資本金　40	資　　産　110 のれん　　20	負　　債　60 資　本　金　30 資　本 準　備　金　40

　日本ではこれまで，これら2通りの方法を使い分けてきましたが，会計基準の国際的統合のため，2010年4月からは持分プーリング法を採用できないことになりました。

(3)　その他資本剰余金

　会社の法定資本の金額を増加させるのが増資であるのに対し，法定資本を減少させる取引を**減資**といいます。減資は，会社の余剰資金を株主に返却して資本金を減少させる目的で行われる場合もありますが，普通は業績不振によって損失が累積し，純資産額が資本金より少なくなってしまった場合に行われます。

　たとえば会社の貸借対照表が次頁の図の左側の状態になっている場合を考えて下さい。法定資本は30ですが，純資産は［87－70＝17］しかありません。不足する13は損失の累積により資産が減少してしまった大きさを表しますが，実体はありませんから資本金と相殺して消去します。このため会社は資本金を半分に減少させたとしま

しょう。資本金の減少額15は繰越損失13と相殺されて，余剰分2が残ります。この差額が**資本金減少差益（減資差益）**です。

減資前の貸借対照表				減資後の貸借対照表			
資　産	87	負　債	70	資　産	87	負　債	70
（繰越損失）	13	資本金	30			資 本 金	15
						減資差益	2

　資本金減少差益はもともと株主が出資していた資本金の一部ですから，資本準備金の性質をもっています。しかし多くの場合は，業績不振会社の累積損失の穴埋めに使われるため，会社法では資本準備金には含めず，**その他資本剰余金**の1項目とされます。

　これと同じ取扱を受けるのが，**自己株式処分差益**です。たとえば600円で買い戻した自己株式を，株式市場で800円で売却した場合の差額200円がこれです。この差額も，株主が株式を受け取るのと引換に払い込んだ金額の一部ですが，会社法では資本準備金ではなく，その他資本剰余金とされています。

3　留保利益とその分配

　貸借対照表の株主資本のうち，資本金と資本剰余金を除く残りの部分は**留保利益**です。留保利益は，企業が獲得した利益のうち，出資者に分配されずに企業内に留保された部分であり，事業活動に再投資されて利用されていることから，**稼得資本**ともよばれます。留保利益は，

貸借対照表で**利益剰余金**として掲載され，利益準備金と**その他利益剰余金**に区分されます。

(1) 剰余金の配当と処分

損益計算書で算定される会社の利益は，会社の株主資本の増殖分ですから，貸借対照表の株主資本の部の1項目である**繰越利益剰余金**に含めて記載されます。個人企業では利益の処分は事業主がいつでも自由に行えますが，会社の場合は株主総会の決議が必要とされます。したがってその決議の時まで繰り越される利益という意味で，繰越利益剰余金とよぶわけです。

利益など剰余金の配当や処分は，決算日後3か月以内に開催すべき株主総会での決議（21-22頁で説明した委員会を設置する会社の場合は取締役会での決議）を経て決定されます。そのような剰余金の処分項目には，配当金・利益準備金・任意積立金の3つがあります。

このうち出資者たる株主に対する利益分配としての**配当金**が，最も重要な項目です。配当金の額は，後述するような会社法の制約のもとで，当期の業績や将来の事業資金の必要性を勘案して決定されます。会社の業績に応じて取締役と監査役に支払われる**役員賞与**も，以前は利益を分配する形で処理されていました。しかし今では従業員への賞与と同様に，期末決算時に必要額を見積もって費用に計上することになっています。

配当金が支払われると資産が社外に流出します。これに対して会社法は，企業資産の社外流出を伴う利益処分を行う場合に，その10分の1の額を，**利益準備金**として積立てるべきことを要求しています。この積立は，利益

準備金と資本準備金の合計額が資本金の4分の1に達するまで続けなければなりません。したがって配当金の支払を行う場合には，その10分の1の額を利益準備金に繰り入れる必要があります。この利益準備金は，前に説明した資本準備金とあわせて，会社法で定められた準備金という意味で，**法定準備金**とよばれています。

　利益準備金が会社法によって積立を強制された留保利益の項目であるのに対し，企業が契約や経営上の必要性に基づいて任意に積み立てた留保利益の項目を**任意積立金**といいます。これには，毎期の配当を安定的に支払うための配当平均積立金，将来の事業を拡張するのに備えるための事業拡張積立金，事故や災害などの不測の損失に備えて設定した偶発損失積立金などがあります。またわが国では使途を特定しない利益留保項目として，**別途積立金**がしばしば設定されています。

(2)　会社法の配当制限

　剰余金の配当や任意積立金の設定などの処分は，いつでも何度でも実施することができます。かつての商法のもとでは，会社は年次の利益処分と中間配当の最大でも年2回しか配当を実施できませんでしたが，新しい会社法によれば3か月ごとに分配を行う四半期配当の制度を採用することも可能です。

　しかし株式会社では株主が有限責任しか負わないため，債権者の権利を保護するには，むやみな配当などで会社の純資産が無制限に流出しないようにしておかなければなりません。そこで会社法は，株主と債権者の利害を調整する目的で，会社財産を株主に払い戻すことが可能な

IX　資本の充実と剰余金の分配

上限額を**分配可能額**として法定し，それを超える分配を禁止しています。

　この規制の対象となる会社財産の払い戻しには，配当金の支払だけでなく，自己株式の有償取得も含まれます。この2つは，会社財産が流出する点では同じですから，その合計額が分配可能額の範囲内でなければならないのです。

　会社法が規定する分配可能額を算定するための出発点は，前期末の剰余金です。ここに**剰余金**とは，148頁に図示した株主資本の構成要素のうち，①その他資本剰余金，②任意積立金，および③繰越利益剰余金の合計額をいいます。前期の決算日から配当の基準日までに，これらの項目に変化が生じていれば，それも反映されます。

　このようにして把握した剰余金から，分配可能額を導出するには，さらに次の計算を行います。第1に，保有中の自己株式があれば，その帳簿価額を控除します。第2に，他企業の買収で生じたのれんや，資産計上した繰延資産の金額が，資本金や法定準備金と比べて多額であれば，所定の金額が分配可能額から減額されます。このほか，持ち合い株式に生じた含み損や，子会社の累積損失などについても，分配可能額を制約するためのさらに細かい規定がありますが，ここでは省略します。

　会社法が規定する分配可能額は以上のとおりですが，資本準備金と利益準備金の合計額が，いまだ資本金の4分の1に達していなければ，配当金の上限額は11分の10まで減額されます。利益から配当を行えば，その10分の1を利益準備金として積立てなければなりませんから，分配可能額が11なければ10の配当はできないのです。ま

159

た，純資産額が300万円を下回る場合は，たとえ計算上で配当可能額が存在するとしても，剰余金の配当を行うことはできません。

さらに，期中の配当を分配可能額の範囲内で実施しても，年度の残り期間での業績不振などにより，年度全体の計算書類で剰余金がマイナスになれば，配当を実施した者はそのマイナス額を会社に弁済する義務を負います。したがって期中の配当の実施には慎重な判断が必要です。

⑶　損失の処理

決算の結果，不幸にして当期純損失が計上された場合は，ひとまずその金額を過年度からの繰越利益剰余金と相殺し，相殺しきれなかった損失額は，マイナスの繰越

COFFEE BREAK

―――――――――――― 税効果会計 ――――――――――――

企業のもうけにかかる税金は，利益の分配ではなく，税引前利益に対応する費用として会計処理しなければなりません。たとえば不良資産について計上した評価損を税務当局が認めてくれなければ，その部分について税金が余分にかかります。しかし評価損が是認される将来の年度では，その分だけ税金が少なくてすみますから，前の年度で余分に支払われた税金は前払税金とみることができます。これとは逆に，当期の活動により将来の税金が増加するならば，当期に未払税金が生じたと考えるべきケースもあります。したがって損益計算書では，当期の納税義務額に前払や未払を調整して税金費用を計上し，前払や未払とみられる部分は貸借対照表の資産・負債に含める必要があります。このような取り扱いを税効果会計といいます。

IX　資本の充実と剰余金の分配

利益剰余金として記録します。

　そして剰余金の配当や処分と同様に，そのマイナス額の処理も株主総会や取締役会の決議を経て実施します。マイナス額の処理には，まず任意積立金を取り崩して，その取崩益を充当します。任意積立金取崩益で損失を補填できない場合には，「その他資本剰余金」があればそれを取り崩し，続いて利益準備金と資本準備金が取り崩されます。それでもなお完全に補填できなければ，将来の純利益で補填するか，または減資の手続きを実施して資本金の減少額で補填することになります。

[X]
財務諸表の作成と報告

- 財務諸表は，利益決定のための損益計算書と貸借対照表および株主資本に関する書類から構成されます。
- 損益計算書は，収益と費用を源泉別に分類し，利益を段階的に計算します。
- 貸借対照表は，資産と負債を流動項目と固定項目に区分して，財政状態を明瞭に表示します。
- 財務諸表の正しい理解を促進するため，会社が採用した会計方針が注記されています。

損益計算書

営業活動	仕入・生産	売上原価	
	販売・回収	販売費および一般管理費	売上高
	経営管理		
金融活動		営業外費用	営業外収益
その他		特別損失	特別利益

→営業利益
→経常利益
→税引前利益
△税金費用
　当期純利益

株主資本等変動計算書

	資本金	資本剰余金	利益剰余金	
当期首残高	×××	×××	×××	
当期変動額				
新株の発行	××	××		
剰余金の配当			△××	
当期純利益			×××	←
当期末残高	×××	×××	×××	

貸借対照表

（資産の部）	（負債の部）
流動資産	流動負債
	固定負債
固定資産	（純資産の部）
有形固定資産	株主資本
無形固定資産	資本金
投資その他の資産	資本剰余金
	利益剰余金
繰延資産	評価・換算差額等
	新株予約権

X　財務諸表の作成と報告

1　法定された会計報告書

　これまでの第4章から第9章では，財務諸表の主要項目をとりあげて，それに関連する会計処理を説明してきました。この章は，それらの会計処理の結果が1組の会計報告書にとりまとめられて，利害関係者に伝達されるプロセスについて解説します。

　すでに第1章で説明したとおり，企業の会計報告に規制を加えている法律には，会社法と金融商品取引法があります。次の表は，会社法のもとで作成と公開が要求されている会計の報告書を示しています。その報告書の体系は，第2章で説明したように，利益決定のための書面と純資産の変動に関する書面に大別され，利益決定の書面はさらに，利益計算に不可欠な基本財務諸表とこれを支える補足情報に分けて考えることができます。

書類の機能		書類の名前
利益決定	基本財務諸表	損　益　計　算　書 貸　借　対　照　表
	補　足　情　報	注　　　記　　　表 附　属　明　細　書（表） 事　業　報　告
純資産の変動		株主資本等変動計算書

⑴　会社法の計算書類

　会社法がすべての株式会社に対して作成と報告を義務づけている書類は，貸借対照表，損益計算書，株主資本等変動計算書，注記表，事業報告および**附属明細書**の6

165

つです。なお**事業報告**とは，会社の事業内容や取締役と従業員の状況など，貸借対照表や損益計算書では十分に表現できなかった会社の経済活動の全体像を文章や数字を用いて記載した書類です。会社法はこれらの書面を**計算書類**とよんでいます。そしてその内容や様式は，「**会社計算規則**」と名づけられた法務省令で詳細に定められています。

次の図は，**大会社**（資本金5億円以上または負債合計200億円以上の株式会社）でかつ公開会社（株式の譲渡に際し会社の承認を要しない株式会社）の場合について，会社法と会社計算規則が定める計算書類の作成から報告に至る過程を示したものです。

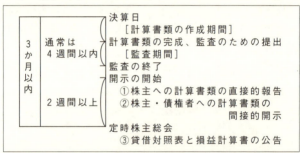

図が示すとおり，会社は決算日から3か月（すなわち13週）以内に定時株主総会を開催しなければならず，株主総会の2週間前までに，計算書類の郵送や本支店での備え置きの方法により，財務報告を行う必要があります。このため取締役は，決算日後迅速に計算書類を作成し，**会計監査人**（公認会計士または監査法人）と**監査役会**に提出しなければなりません。なお指名委員会等設置会社や監査等委員会設置会社では，取締役会の中に設置され

る監査（等）委員会が，以下で説明する監査役会と同じ役割を果たします。

　計算書類を受取った会計監査人は通常4週間以内に監査を終了し，取締役に監査報告書を提出することによって，財務報告のための準備が進められます。監査の結果，会計監査人が計算書類を適正と認める旨の意見を表明し，かつ監査役会が会計監査人の監査報告を否定しない限り，計算書類はその時点で確定します。したがってこれらの書類は，株主総会で報告すれば足り，承認を受ける必要はありません。

　以上の手続きを経て作成された計算書類は，図に①②③として示された3つの方式で関係者に報告されます。会社法が定める第1の方式は，定時株主総会の2週間前までに株主宛に郵便またはEメールで送付する総会招集通知に，計算書類と監査報告書を添付することによって行うものであり，これは株主に対する直接的な財務報告としての特徴をもちます。

　第2は，定時株主総会の2週間前から，計算書類と監査報告書を会社の本店と支店に備え置いて，株主と債権者の請求に応じて閲覧に供する方式です。さらに会社法は第3の財務報告方式として，株主総会の後に遅滞なく，貸借対照表と損益計算書またはこれらの要旨を，ウェブサイトや新聞に公告することを義務づけています。ただし，次に説明する金融商品取引法の適用を受けて情報公開を行う会社は，この公告を免除されています。

(2)　金融商品取引法の財務諸表

金融商品取引法は，その適用を受ける上場会社等に対

して，事業年度ごとに決算日から3か月以内に**有価証券報告書**を作成し，それを金融庁と証券取引所に提出するとともに，会社の本店などに備え置いて，希望者に閲覧させることを義務づけています。有価証券報告書の内容は多岐にわたりますが，その大半は財務諸表によって占められています。

その**財務諸表**とは，貸借対照表，損益計算書，株主資本等変動計算書，および附属明細表の4つです。これらの書類の内容や様式は，**財務諸表規則**と略称される内閣府令（正式名称は「財務諸表等の用語，様式及び作成方法に関する規則」）で定められています。またこれらの財務諸表については，公認会計士または監査法人による監査が義務づけられており，その監査報告書も有価証券報告書に掲載されます。

かつて有価証券報告書は，紙ベースで金融庁に届け出られていましたが，今では電子ファイルで提出されて金融庁のウェブサイト（http://disclosure.edinet-fsa.go.jp/）で公開され，誰でも自由に閲覧できるようになっています。

なおこのような金融商品取引法の財務報告制度とは別に，証券取引所は独自に**決算発表**の制度を設けています。これは取引所が上場企業に対して，取締役会での決算案の承認後ただちに決算概要を発表するよう要請しているのに応えて，上場会社が決算短信とよばれる書類を作成して証券取引所へ提出するとともに，取引所の記者クラブで新聞記者を前に記者会見を行う制度です。決算短信には，売上高や当期純利益など，正式な財務諸表から抜粋した重要項目が記載され，決算日後40日程度というき

X　財務諸表の作成と報告

わめて早期のうちに公表されます。また多くの会社が，当期の実績利益だけでなく，次期の予想利益も決済短信に記載して公表しています。

2　損益計算書

損益計算書は，企業の1期間の経営成績を表示するための書面です。1期間の経営成績を表す当期純利益は，経営活動の成果としての収益と，収益の獲得のために費やされた努力を表す費用を対応づけ，両者の差額として計算されます。

(1)　収益・費用の源泉別分類

損益計算書が企業の経営成績について十分な情報を伝達するためには，その会計期間に企業が獲得した利益の金額だけでなく，その利益がどのようにして生じたかを明らかにしなければなりません。前期に比べて当期の利益が増加したといっても，それが生産や販売面でのコスト削減努力から生じている場合もあれば，遊休不動産の臨時的な売却から生じている場合もあるからです。

利益がどのようにして生じたかを表示するためには，まず収益と費用を，企業が行う経済活動と関連づけて発生源泉別に分類する必要があります。次の図は，そのような目的による収益と費用の発生源泉別分類を示しています。

企業活動は，主たる営業活動とそれに付随する金融活動に大別されます。主たる営業活動は，仕入・生産活動，販売・回収活動および経営管理活動から構成されます。

169

経済活動の分類		費用・収益の分類	
営業活動	仕入・生産	売上原価	売上高
	販売・回収	販売費および一般管理費	
	経営管理		
金融活動		営業外費用	営業外収益
その他		特別損失	特別利益

　他方，金融活動とは，銀行借入や社債発行とそれに伴う利子の支払，および余剰資金の貸付や証券投資とそこからの利子・配当の受取などをいいます。このほか企業は，臨時に保有設備を売却したり，自然災害などの影響を受けたりしますが，これらはその他の経済活動および事象として一括することができます。

　このような企業活動の区分に対応づけて，収益と費用の項目は，図の右側に示したように分類されます。収益のうち最も重要なものは，当期の主たる営業活動の成果としての**売上高**です。金融活動から生じた受取利息や受取配当金は，主たる営業活動以外からの収益という意味で，**営業外収益**として分類されます。その他の臨時的な活動や事象から生じたものが**特別利益**です。

　他方，費用のうち，当期に販売した商品・製品について，その仕入・生産活動に要した原価は**売上原価**になり，販売・回収活動と経営管理活動で生じた項目は，**販売費および一般管理費**として分類します。さらに当期の金融活動から生じた支払利息などは**営業外費用**として，またその他の臨時的な活動や事象から生じたものは**特別損失**として取り扱われます。

X 財務諸表の作成と報告

(2) 利益の段階的計算

　発生源泉別に分類された収益と費用は，次に，経営活動における努力と成果の因果関係を基準として対応表示され，次頁の図のような形で，利益が段階的に計算されます。前頁の図のように，収益と費用を左右に対照表示して差額の利益を計算する様式を**勘定式**というのに対し，次頁の図の様式のように売上高を冒頭に記載して順に費用を控除して利益を計算する様式を**報告式**といいます。金融商品取引法および会社法のもとで行われる財務報告で用いられる損益計算書は，ともに報告式のものです。

損益計算書の区分表示

営業損益計算	I．売上高 II．売上原価 　　　　　　　　　　売 上 総 利 益 III．販売費および一般管理費 　　　　　　　　　　営 業 利 益
経常損益計算	IV．営業外収益 V．営業外費用 　　　　　　　　　　経 常 利 益
純損益計算	VI．特別利益 VII．特別損失 　　　　　　　　　　税引前当期純利益 VIII．法人税・住民税・事業税 　　　　　　　　　　当 期 純 利 益

　この様式の損益計算書の最初に記載される「営業損益計算」の区分では，企業の主たる営業活動からの売上高とそれに対応する売上原価が示され，その差額が**売上総利益**になります。次いでそこから販売費および一般管理費が差引かれ**営業利益**が算定されます。この結果，営業損益計算の区分は，企業が営む本業を源泉とする損益の

171

発生状況を表します。

　次に「経常損益計算」の区分では，営業活動に付随する当期の金融活動から生じた営業外収益と営業外費用が表示され，営業利益にこれらを加減して**経常利益**が算出されます。ここまでの区分に記載される収益・費用は，元来，企業の正常な経済活動から規則的・反復的に生じるものであり，かつすべて当期に帰属する項目ばかりです。したがって経常利益は，企業の当期の業績の良否を判断するための重要な尺度であるだけでなく，将来の利益を予測する場合の基礎にもなります。

　これに対し，災害による損失や遊休不動産の売却益など，臨時的・偶発的に生じた損益項目は，特別利益または特別損失として「純損益計算」の区分に記載され，経常利益に加減することによって**税引前当期純利益**が算出されます。この区分では，さらに税引前当期純利益から法人税・住民税・事業税の金額を控除して，**当期純利益**が掲載されます。

　損益計算書で算定した当期純利益は，株主資本等変動計算書へ引き継がれ，留保利益が期中に増加した原因として掲載されます。

3　貸借対照表

⑴　流動項目と固定項目

　貸借対照表は，決算日現在でみて企業が自己資本と他人資本のどのような源泉から資金を調達し，これをどのような資産に投下して運用しているかを示すことにより，企業の財政状態に関する情報を伝達するための書面です。

X 財務諸表の作成と報告

この情報がうまく伝達できるように，資産と負債は流動的な項目と固定的な項目に区分されます。

その区分は，**営業循環基準**と１年基準を併用して行います。ここに営業循環とは，次頁の図に示したように，原材料を仕入れて製品を生産し，それを販売して代金を回収するという企業の主たる営業活動の循環をいい，そのような正常な営業循環の過程内にある項目をすべて**流動資産**ないし流動負債とするのが営業循環基準です。流動項目と固定項目の分類に際しては，まず営業循環基準が適用されます。したがって宅地を開発し住宅を建売りする業者の販売用の土地と建物は，それが販売され現金が回収されるまでの期間が１年を超える場合であっても流動資産です。

営業循環基準で分類しえなかった項目については**１年基準**を適用します。ここに１年基準とは，決算日の翌日から起算して１年以内に履行期の到来する債権・債務および１年以内に費用ないし収益となる資産・負債を流動項目とし，１年を超えるものを固定項目とする基準です。したがって土地・建物・機械などは固定資産であり，預金・貸付金・借入金などの債権・債務は，その期限が１年以内か１年を超えるかにより，流動項目と固定項目に分類されます。

(2) 貸借対照表の区分表示

資産と負債が流動項目と固定項目に分類されると，次にこれらは貸借対照表上に**流動性配列法**とよばれる方法で配列されます。流動性配列法とは，貸借対照表の項目を流動性の高い順，すなわち資産については換金可能性の高い項目の順，また負債については返済期限の早い項目の順に配列する方法です。流動性配列法は，企業が流動資産で流動負債を支払う能力を明らかにするのに便利ですから，多くの企業の貸借対照表はこの方法に従って作成されています。

貸借対照表の様式についても，損益計算書の場合と同様に，報告式と勘定式があります。**勘定式**の貸借対照表は，複式簿記の原理に従い，資産を左側に，負債と純資産を右側に対照表示して作成します。これに対し**報告式**の場合は，各項目を上から下へ資産・負債・純資産の順序で配列して記載します。有価証券報告書に記載される貸借対照表は報告式によりますが，会社法の貸借対照表

貸借対照表の区分表示

（資産の部）	（負債の部）
流 動 資 産	流 動 負 債
	固 定 負 債
固 定 資 産	（純資産の部）
有 形 固 定 資 産	株 主 資 本
無 形 固 定 資 産	資 　本 　金
投資その他の資産	資 本 剰 余 金
	利 益 剰 余 金
繰 延 資 産	自 己 株 式（減算）
	評価・換算差額等
	新 株 予 約 権

は一般に勘定式で作成されています。

次の図は，会社法や金融商品取引法のもとで作成される貸借対照表の区分表示を勘定式で表したものです。

4 株主資本等変動計算書

(1) 株主資本の変動

株式会社の純資産については，その期末残高を貸借対照表に区分表示するだけでなく，内訳項目ごとの期中変動の状況を明示した**株主資本等変動計算書**の作成と報告が求められています。

なかでも重要なのは，純資産の中心である株主資本に関する期中変動の情報です。そこで株主資本を構成する資本金，資本剰余金，利益剰余金とその内訳項目については，当期首残高，当期変動額および当期末残高に区分したうえで，当期変動額が変動事由ごとに表示されます。次頁の図が示すように，資本金や資本剰余金を増加させる最も一般的な項目は，新株の発行による通常の増資です。また利益剰余金は，当期純利益の獲得によって増加し，配当金の支払によって減少します。

次頁の図は，損益計算書や貸借対照表との関係に留意して，株主資本等変動計算書の位置づけを示しています。損益計算書で算定された当期純利益は，株主資本等変動計算書で利益剰余金の増加要因として継承されます。また株主資本等変動計算書の各項目の当期末残高は，そのまま貸借対照表の純資産の部に継承されて，財務諸表が相互に連携することになるのです。

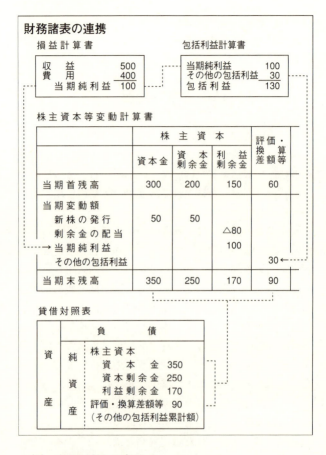

(2) 包括利益の表示

　株主資本と並んで，純資産を構成する重要な項目として「評価・換算差額等」があります。これに該当する最も一般的な項目は，時価評価の対象となる持ち合い株式など「その他有価証券」に関する取得原価と期末の時価

X　財務諸表の作成と報告

との差額です。そのような時価評価差額の情報もまた，株主資本等変動計算書に記載されて，その当期末残高が貸借対照表に継承されています。

　しかしこの時価変動額は損益計算書での利益計算には含まれていません。この結果，増資や配当などの資本取引が存在しない場合でさえ，期首の貸借対照表の純資産額に損益計算書の当期純利益額を加算しても，期末の純資産額には一致しなくなっているのです（42頁の図を参照）。これを一致させるには，当期純利益だけでなく，時価評価差額の変動額をも包括した新しい利益概念を考案する必要があります。

　この新しい利益概念こそが**包括利益**です。包括利益は，伝統的な当期純利益に対し，次式が示す関係にあります。

　　当期純利益＋その他の包括利益＝包括利益

その他の包括利益の代表例が，前述の時価評価差額の期中変動額であることは言うまでもありません。そして，当期純利益が損益計算書で表示されるのとちょうど同様に，包括利益を表示するには，そのための書面が必要になります。そのような書面としては，①当期純利益を出発点として「その他の包括利益」を加算することにより包括利益を算出する**包括利益計算書**を，損益計算書とは別個に作成する方式と，②損益計算書を拡張して，その他の包括利益の項目を加算し，包括利益の算出までを含めた**損益及び包括利益計算書**を作成する方式を考えることができます。

　日本でも金融商品取引法のもとで開示される連結財務諸表については，2011年3月決算期から，①と②のいずれかの方式で作成した書面で包括利益が表示されていま

177

す。またこれに対応して、従来の「評価・換算差額等」の金額は、連結貸借対照表で「その他の包括利益累計額」という項目名で記載されます。しかし、個別財務諸表では従来どおり当期純利益をもって業績測定は完結し、包括利益の表示は行わないこととされています。

COFFEE BREAK

―――― 決算発表に対する株価の反応 ――――

　一般の投資者が最も早く会社の利益数字を知ることができるようになるのは、会社が証券取引所で決算発表した情報が翌日の日本経済新聞などで報道されるときです。このような会社の利益業績の報道に対する株式市場の反応を調査した結果が下の図です。決算発表が新聞で報道される日を日次ゼロとする前後各15日間について、銘柄別の株価変化率から日経平均株価の変化率を控除したうえで絶対値をとり、これを多数の銘柄について平均した結果が示されています。この図から、株価が会社の決算報道に顕著に反応していることがわかります。

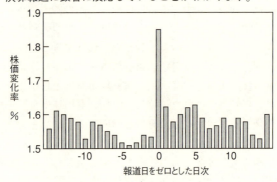

（出所）　後藤雅敏『会計と予測情報』中央経済社,1997年,125頁。

5 会計方針の注記

　財務諸表の作成に際しては，注記の手法がしばしば活用されています。**注記**は財務諸表本体の記載内容に関連する重要事項を，財務諸表の本体とは別の箇所に言葉や数値を用いて記載したものです。これにより財務諸表の本体を簡潔にするとともに，重要な情報が詳細に伝達されることになるため，注記は会計情報の明瞭表示に役立っています。

　そのような注記事項には，次の3種類のものがあります。①継続企業の前提や重要な会計方針など，財務諸表作成の基本となる事項，②貸借対照表や損益計算書など個々の財務諸表に記載された重要項目の内容・内訳その他の関連情報，および③重要な後発事象（決算日後に生じた多額の増資や災害損失など）がそれです。

　まずはじめに**継続企業の前提**とは，企業が倒産することなく将来にわたって事業を継続するという仮定のことです。現行の会計基準はすべて，この前提で制定され，すべての企業に等しく適用されています。

　しかし現実には，倒産の危機が迫っている企業も存在しており，これらの企業に通常の財務諸表を公表させるだけでは，利害関係者の判断を誤らせる危険性が高いのです。

　そこでこの問題に対処するため，継続企業の前提に重要な疑義を抱かせる事象や状況（債務不履行や財務指標の悪化など）が存在する場合には，財務諸表の利用者の注意を喚起するために，関連する情報（倒産回避の経営

計画，倒産した場合の財務諸表への影響など）を注記することが求められています。

次に**会計方針**とは，企業が財務諸表の作成にあたって採用した会計処理の原則および手続きならびに表示の方法をいいます。現行の会計基準のもとでは，多くの領域で，1つの会計事実について複数の会計処理方法が公正妥当な方法として是認されるとともに，その中から企業が実際に採用する方法を任意に選択することが許容されています。したがってこのような領域について財務諸表を適切に解釈するには，企業が採用した会計方針を知ることが不可欠の前提となります。このため次のような領域について，企業は採用した会計方針を注記しなければならないことになっています。

・有価証券の評価基準（原価基準・時価基準）および評価方法（総平均法・移動平均法）
・棚卸資産の評価基準（低価基準が原則となる）および評価方法（先入先出法・総平均法・移動平均法・売価還元法など）
・固定資産の減価償却方法（定額法・定率法など）
・繰延資産の処理方法（費用処理・資産計上）
・外貨建の資産や負債の本邦通貨への換算基準
・引当金の計上基準
・費用や収益の計上基準（たとえば割賦販売に関する販売基準・回収基準など）

企業が選択したこれらの会計方針は，**継続性の原則**により，毎期継続して適用されなければなりません。しかし会計基準の改正に伴い会社が従来から採用してきた方法を変更せざるえなくなったり，正当な理由に基づいて

X　財務諸表の作成と報告

会社が任意に変更することもあります。このうち所定の場合には，過去の年度と当期の財務諸表の比較可能性を保つため，会計方針の変更について注記するだけでなく，当期の財務諸表と並べて開示される過去の財務諸表を，当期と同じ会計方針を適用したものに作りかえる必要が生じます。これを会計方針の遡及適用による財務諸表の**遡及処理**といいます。

　これらの会計方針に関する注記以外にも，財務諸表の重要項目の内容や内訳については注記が行われます。巻末に例示した財務諸表でも，そのような注記が記載されていますので参照して下さい（200頁）。

[XI]
連結財務諸表

- 連結財務諸表は，親会社・子会社・関連会社から構成される企業集団の財務内容を表します。
- 連結財務諸表は，連結での貸借対照表・損益計算書・株主資本等変動計算書およびキャッシュ・フロー計算書の4つから成り，親会社と子会社の数字を合算のうえ，必要な調整を加えて作成します。
- 関連会社には持分法を適用し，親会社の持株比率に見合う利益額を，企業集団の利益に含めます。

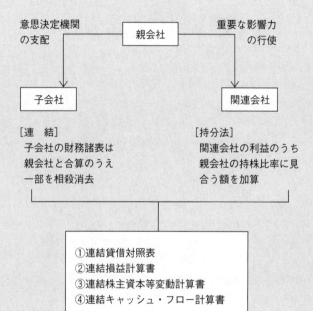

XI　連結財務諸表

1　企業集団の財務報告

(1)　連結財務諸表

　現代の大企業は，１つの会社として独立に存在するだけでなく，その支配下に多数の子会社を従えて企業集団を形成し，グループとして経済活動を営んでいるのが普通です。集団内の会社は，法律上はそれぞれ独立の会社ですが，経済的には支配従属関係を通じて，１つの組織体として活動しています。したがってこのような場合には，企業集団全体としての財務諸表を作成することが経済的な事実に合致しています。

　法律上の個々の会社を会計単位とする財務諸表を**個別財務諸表**というのに対し，集団内の個々の企業の個別財務諸表を総合して作成したものを**連結財務諸表**といいます。連結財務諸表は，個別財務諸表からは得られないような集団全体に関する情報を含んでおり，投資者の意思決定にとって不可欠な情報です。

　そこで金融商品取引法は，上場会社などこの法律の適用を受ける親会社に対して，連結財務諸表を作成し，有価証券報告書に含めて投資者に公開することを，1977年から義務づけてきました。そして1999年４月以降に開始する年度からは連結財務諸表に主たる地位が与えられて，いまや連結決算の時代を迎えています。

(2)　企業集団の構成会社

　親会社からの支配や重要な影響を受けていると判断され，連結財務諸表へと統合されていく企業には，「子会

185

社」および「関連会社」という2つのタイプの会社があります。

子会社とは，親会社が相手会社の株主総会や取締役会などの意思決定機関を支配しているような会社をいいます。相手企業の株式の過半数を所有していれば，株主総会での議決権行使を通じて，その企業の意思決定を支配することができますから，そのような会社は子会社とされます。しかし株式の所有が過半数に達していなくても，支配力を行使できる場合があります。たとえば親会社の議決権行使に同調してくれる協力株主がいたり，親会社から派遣された役員が取締役会の過半数を占めていれば，事実として親会社の支配が及びます。そこで子会社の範囲を決定するに際しては，持株比率だけでなく，実質的な支配力の有無により判断することになっています。

子会社に対しては，連結の手続きが適用されます。これは後で説明するとおり，親会社と子会社の財務諸表の全体について，同じ項目どうし金額を合算したうえで，若干の修正を加えて総合し，集団全体の財務諸表を導くための手続きです。

集団を構成するいま1つの会社は関連会社です。**関連会社**とは，親会社が単独で，または子会社と協力して，他の会社の財務や営業の方針に重要な影響を与えることができる場合の，相手会社をいいます。議決権付き株式の20%以上50%以下を所有している相手会社は関連会社とされます。しかし株式の所有割合が20%に満たなくても，実質的に重要な影響が及んでいる相手企業もまた関連会社であると判断されます。

関連会社には「**持分法**」という会計処理方法が適用さ

れます。これは関連会社の獲得した利益のうち，親会社の持株比率に見合う額だけを，企業集団の利益とみなして連結財務諸表に含める方法です。

連結財務諸表は，①連結貸借対照表，②連結損益計算書，③連結株主資本等変動計算書，および④連結キャッシュ・フロー計算書の4つから構成されます。

2　連結貸借対照表

連結貸借対照表は，企業集団全体としてみた場合の資産と負債を対比して示すことにより，企業集団の財政状態を表す書面です。この書面は，親会社と子会社の個別貸借対照表を基礎として，同じ項目どうし金額を合算するとともに，集団内部での取引から生じた項目を相殺消去して作成します。次頁の図はその概要を示したものです。

連結決算にあたって，相殺消去が必要な項目には，次の2つのタイプがあります。第1は親会社と子会社の間の**債権と債務の相殺消去**です。図表では，親会社から子会社への掛け売上の結果として，親会社の貸借対照表には子会社への売掛金が記載され，子会社の貸借対照表には親会社への買掛金が記載されています。しかしこれらは集団内部での項目にすぎませんから，連結決算の過程で相殺消去します。

相殺消去が必要な第2のタイプの項目は，親会社から子会社への出資に関連するものです。親会社の貸借対照表には，子会社への出資額が子会社株式として資産計上されています。他方，子会社では親会社からの出資額を，貸借対照表の株主資本として記載しています。

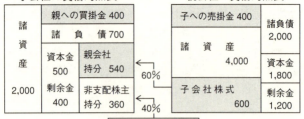

　図表では，子会社の資本900のうち，持株比率に応じて60%は親会社の持ち分とされ，残りの40%は非支配株主の持ち分として示されています。親会社が支配株主ですから，残りの持ち分360は**非支配株主持分**（2015年3月期までは少数株主持分）とよばれます。

　他方，子会社の資本のうちの親会社の持ち分540は，集団内部の項目ですから，親会社が計上する子会社株式600と相殺消去しなければなりません。これを**投資と資本の相殺消去**といいます。この設例では，相殺の差額が60だけ生じます。

　これは子会社の営業を支配する目的で，親会社が余分に支払った額であり，**連結調整勘定**とよばれてきました。

しかしこの項目も今では**のれん**という名称で，連結貸借対照表の資産の1項目として記載します。このれんは，20年以内の所定の年数にわたり規則的な方法で償却し，償却額は連結損益計算書に連結決算上の費用として掲載します。

3　連結損益計算書

　連結損益計算書は，企業集団全体が1年間の活動により，どのような源泉からいくらの純利益を獲得したかを示す書面です。連結損益計算書も，親会社と子会社の個別損益計算書を基礎として，同じ項目どうし金額を合算するとともに，集団内部での取引から生じた項目を相殺消去して作成します。次頁の図表はその作成プロセスの概要を図示したものです。

　ここでは，親会社が単価100円で仕入れた商品10個のうち9個を，単価150円で子会社へ引き渡し，子会社がこのうち7個を単価180円で集団外部へ販売したとしましょう。連結損益計算書を作成するには，企業集団内部での取引によって生じた2つのタイプの項目を，相殺消去しなければなりません。

　第1は親会社と子会社の間の**内部取引の相殺消去**です。図表では，親会社が計上した子会社への売上高と，子会社が計上した親会社からの仕入高が消去されます。

　第2の作業は，期末在庫などに含まれる**未実現利益の消去**です。図表の設例では，子会社の期末在庫が1個当たり150円で評価されていますが，これはもともと親会社が100円で仕入れたものに50円の利益を加算して，子

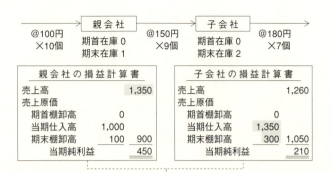

会社へ引き渡したものです。したがって子会社が集団外部へ売らない限り、50円の利益はまだ実現していませんから、これを除去しておかなければなりません。この結果、子会社の期末在庫は〔(帳簿価額150円−未実現利益50円)×2個＝200円〕として評価したうえ、親会社の期末在庫100円と合算して、合計300円で連結損益計算書に記載されるのです。

このようにして作成する連結損益計算書には、個別の損益計算書には表れない連結特有の項目が登場します。非支配株主利益（2015年3月期までは少数株主利益）、

のれん償却額, 持分法による投資損益の3つがそれです。

非支配株主利益は, 子会社が獲得した利益のうち, 非支配株主に帰属する部分をいいます。連結決算では, 子会社の当期純利益210もいったん親会社と合算しますが, 非支配株主の持株比率に相当する額 (210×0.4＝84) は, 親会社の利益とはなりませんから, 控除するのです。

のれん償却額は, 連結貸借対照表の作成で生じたのれんの当期分の償却額です。ここでは20年で均等償却するものとして, 償却額3を計上しています。

4 持分法による投資損益

子会社の業績が, 連結決算の手続きを通じて, 連結財務諸表に反映されていくのに対し, 関連会社の業績は, **持分法**とよばれる会計処理方法を通じて, 連結財務諸表に反映されます。連結決算の手続きが子会社の財務諸表を丸ごと親会社と合算するのに対し, 持分法は関連会社の利益のうち, 親会社の持分額だけを利益として連結損益計算書に計上する方法です。

たとえば親会社が関連会社の株式の30%を1,000万円で取得したとき, 親会社の貸借対照表には関連会社株式が1,000万円で資産計上されます。その関連会社が当期に2,000万円の純利益を獲得すれば, その30%に相当する600万円は親会社の持ち分です。したがって関連会社株式の価値が600万円だけ増加したものと考えて, その評価額を1,600万円まで引き上げるのです。それと同時に, この600万円は連結損益計算書において**持分法による投資利益**として連結利益の計算に加算します。

逆に，関連会社に当期純損失が生じた場合は，関連会社株式の評価減と持分法による投資損失の計上を行うことになります。このようにして持分法が適用された関連会社の業績は，連結損益計算書の「持分法による投資損益」という項目に集約され，集団全体の利益計算に含まれていきます。

5 株主資本とキャッシュ・フローの計算書

(1) 連結株主資本等変動計算書

個別財務諸表の場合と同様に，3つ目の財務諸表は，株主資本を中心とした純資産の変動に関する計算書で，**連結株主資本等変動計算書**と名づけられています。

この計算書は，連結貸借対照表の純資産の部を構成する項目について，期首残高から期中の増減を経て期末残高に至るプロセスを表示するために作成されます。

連結株主資本等変動計算書の内容や様式は，すでに説明した親会社単独の株主資本等変動計算書と基本的に同じです。次頁の図はこの計算書に収録される代表的な項目を示しています。このうちアンダーラインをつけた2つが，個別財務諸表には決して登場しない，連結決算に特有の項目です。

為替換算調整勘定は，外国に設立した子会社について，外貨で表示された財務諸表を日本円に換算した場合に生じる為替の差額です。非支配株主持分（2015年3月期までは少数株主持分）についてはすでに説明しました。

連結株主資本等変動計算書は，親会社と子会社の個別計算書を基礎として，各項目の増減や残高をそれぞれ合

XI 連結財務諸表

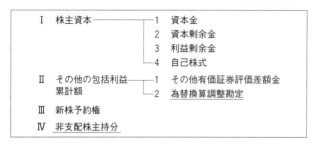

算するとともに、親子間の取引を消去して作成します。とくに、親会社に対して子会社が配当を支払ったことによる利益剰余金の減少分を調整するのが重要です。

(2) 連結キャッシュ・フロー計算書

損益計算書で1,000万円の利益が算定されたからといって、それは手元の現金が1,000万円増えたことを意味してはいません。損益計算書の利益額は、企業の業績を示す有効な情報ですが、これとは別に1年間の現金の増減に関する情報が必要とされることがあります。この情報を伝えるのが**キャッシュ・フロー計算書**です。

たとえば、株主から1,000万円の現金出資を受けて前期末に成立した会社が、当期中に①銀行から200万円を借り入れ、②現金300万円を支払って購入した商品のうち180万円分を売価250万円で掛け売りし、また③現金400万円を支払って備品を購入したとします。この備品の当期の減価償却費は40万円です。

損益計算書での利益計算は次のとおりです。
売上高250−売上原価180−減価償却費40＝当期純利益30

これに対し、キャッシュ・フロー計算書は1期間の資

金の増減を，営業・投資・財務という3種類の企業活動に関連づけて区分し，期中の資金変動と期末の資金残高を次のように表示します。営業活動に関するキャッシュ・フローの表記法には，直接法と間接法があり，どちらを採用してもよいことになっています。**直接法**では，営業活動の収入から支出を控除して収支尻を算定します。

営業活動[直接法]		
売上収入	0	
仕入支出	300	△300
営業活動[間接法]		
当期純利益	30	
減価償却費	40	
売掛金の増加	△250	
商品の増加	△120	△300
投資活動　備品購入支出	400	△400
財務活動　銀行借入収入	200	200
当期中の資金の変動		△500
期首の資金残高		1,000
期末の資金残高		500

　他方，**間接法**で作成された営業活動の区分は，損益計算書の当期純利益から出発し，現金支出を伴わない費用として減価償却費を加え戻すとともに，売掛金の回収遅れと在庫商品への資金投下で，手元の現金が減少したことを記載します。続いて，設備投資活動による資金の減少と，銀行借入という財務活動による資金の増加を総合して，手元の資金が1年間に500万円だけ減少したことを示します。

　このような情報を，企業集団全体について提供しようとするのが連結キャッシュ・フロー計算書です。この計算書でいう資金とは，現金だけでなく，普通預金などの

現金同等物も含めた金額をいい，その１年間の変動の状況と期末残高が示されるのです。

　第10章で説明した個別財務諸表の公開も含めて，金融商品取引法に基づく企業の財務内容の公開制度は，とくに**ディスクロージャー制度**とよばれています。証券市場が円滑に機能するためには，企業の収益性や安全性について十分な情報が提供されることが不可欠です。そのような情報化時代に企業が公表する会計情報を正しく理解するための出発点として，本書で得た知識が役に立つことを希望します。

COFFEE BREAK
―――――― セグメント情報 ――――――

　現代の企業集団の活動は非常に多角化されています。たとえば私鉄会社の傘下に，百貨店・ホテル・不動産などの子会社が属している場合がそれです。また企業は国内だけでなく外国に子会社を設立して，世界各地で活動しています。連結財務諸表はこれらを一括して集団全体の財務内容を描写しますが，事業の種類や活動地域によっては実態に差がありますから，事業の種類や活動地域で区分した部門別の売上高・利益・資産などの情報が追加されれば，連結財務諸表の価値はよりいっそう高まります。そのような部門別の情報はセグメント情報とよばれます。金融商品取引法の適用を受ける企業には，事業の種類別や世界の地域別など，企業が採用する管理区分別のセグメント情報の公表が要求されています。

[資料] 財務諸表の例示

（会社法の会社計算規則に基づく X 社の財務諸表）

貸 借 対 照 表

（平成 x2 年 3 月 31 日現在）

（単位：百万円）

資　　産　　の　　部	
流 動 資 産	**913,357**
現 金 及 び 預 金	333,738
受 取 手 形	149
売 掛 金	317,447
製 品	41,894
原材料・仕掛品・貯蔵品	96,480
前 払 費 用	1,169
繰 延 税 金 資 産	27,698
未 収 入 金	65,093
そ の 他	29,723
貸 倒 引 当 金	△38
固 定 資 産	**1,030,154**
有形固定資産	**708,374**
建 物	218,497
構 築 物	13,076
機 械 装 置	297,426
車 両 運 搬 具	184
工 具 器 具 備 品	41,209
土 地	49,959
建 設 仮 勘 定	88,019
無形固定資産	**30,638**
工業所有権・施設利用権	1,272
ソ フ ト ウ ェ ア	29,366
投資その他の資産	**291,141**
投 資 有 価 証 券	70,098
子 会 社 株 式 ・ 出 資 金	163,507
長 期 前 払 費 用	22,290
繰 延 税 金 資 産	22,290
そ の 他	2,993
貸 倒 引 当 金	△2
資 産 合 計	**1,943,511**

（注）記載金額は、百万円未満を切り捨てて表示しております。

資　料

負　債　の　部	
流　動　負　債	862,180
支　払　手　形	10,279
買　　掛　　金	404,076
短　期　借　入　金	27,501
社債（償還1年内）	40,000
コマーシャルペーパー	130,000
未　　払　　金	95,522
未　払　費　用	82,788
未払法人税等	30,702
前受金・預り金	14,822
賞　与　引　当　金	22,600
製品保証引当金	3,410
そ　の　他	477
固　定　負　債	107,119
社　　債	50,000
長　期　借　入　金	40,001
退職給付引当金	17,118
負　債　合　計	**969,300**

純　資　産　の　部	
株　主　資　本	961,574
資　本　金	204,675
資　本　剰　余　金	262,283
資　本　準　備　金	261,415
その他資本剰余金	868
自己株式処分差益	868
利　益　剰　余　金	520,676
利　益　準　備　金	26,115
その他利益剰余金	494,561
任　意　積　立　金	412,708
繰越利益剰余金	81,853
自　己　株　式	△ 26,060
評価・換算差額等	12,636
その他有価証券評価差額金	12,636
純　資　産　合　計	**974,221**
負債及び純資産合計	**1,943,511**

損 益 計 算 書

[自　平成x1年 4 月 1 日]
[至　平成x2年 3 月31日]

(単位：百万円)

経常損益の部		
営業損益の部		
売　　上　　高		2,084,928
売　上　原　価		1,731,931
販売費及び一般管理費		228,105
営　業　利　益		124,891
営業外損益の部		
営　業　外　収　益		45,573
受取利息・配当金	11,545	
その他の営業外収益	34,028	
営　業　外　費　用		44,777
支　払　利　息	2,698	
その他の営業外費用	42,079	
経　　常　　利　　益		**125,687**
特別損益の部		
特　別　利　益		436
固 定 資 産 売 却 益	436	
特　別　損　失		12,642
固 定 資 産 売 廃 却 損	12,642	
税 引 前 当 期 純 利 益		**113,480**
法人税、住民税及び事業税		50,900
法 人 税 等 調 整 額		△　7,100
当　期　純　利　益		**69,680**

株主資本等変動計算書 （自　平成11年4月1日　至　平成12年3月31日）

（単位：百万円）

	株主資本								評価・換算差額等		新株予約権
	資本金	資本剰余金		利益剰余金			自己株式	株主資本合計	その他有価証券評価差額金	繰延ヘッジ損益	
		資本準備金	その他資本剰余金	利益準備金	その他利益剰余金						
					任意積立金	繰越利益剰余金					
当期首残高	204,675	261,415	725	26,115	383,449	63,599	△26,523	913,455	13,739	—	—
当期変動額											
剰余金の配当						△22,167		△22,167			
当期純利益						69,680		69,680			
自己株式の処分			143				463	606			
任意積立金の設定					29,259	△29,259		—			
株主資本以外の項目の当期変動額（純額）									△1,103		
当期変動額合計	—	—	143	—	29,259	18,254	463	48,119	△1,103	—	—
当期末残高	204,675	261,415	868	26,115	412,708	81,853	△26,060	961,574	12,636	—	—

（注記事項）

1．貸借対照表関係

(1)子会社に対する短期金銭債権　　　　174,359百万円

　子会社に対する長期金銭債権　　　　　　479百万円

　子会社に対する短期金銭債務　　　　 66,704百万円

(2)有形固定資産の減価償却累計額　　1,222,656百万円

(3)貸借対照表に計上した固定資産のほか，リース契約により使用している重要な設備として電子計算機があります。

(4)保証債務　　　　　　　　　　　　 17,902百万円

　経営指導念書等　　　　　　　　　 64,141百万円

　　（子会社の信用を補完することを目的とした子会社との合意書であります。）

　輸出為替手形割引高　　　　　　　　　　535百万円

2．損益計算書関係

(1)子会社に対する売上高　　　　　　1,079,758百万円

　子会社よりの仕入高　　　　　　　 441,132百万円

　子会社との営業取引以外の取引高　　 51,136百万円

(2)1株当たり当期利益　　　　　　　　 63円46銭

3．重要な会計方針

(1)有価証券の評価基準及び評価方法は，次のとおりであります。

　　子会社株式及び関連会社株式……総平均法による原価

　　　　　　　　　　　　　　　　　　　　　法

　　その他有価証券

　　　時価のあるもの……期末前1ヶ月の市場価格の平均に基づく時価法（評価差額は全部資本直入法により処理し，売

却原価は総平均法により算定)

　　時価のないもの……総平均法による原価法

(2)たな卸資産の評価基準及び評価方法は次のとおりであ
　ります。

　　製品………………………………移動平均法による低価法
　　原材料・仕掛品・貯蔵品……最終取得原価法による原
　　　　　　　　　　　　　　　　価法

(3)有形固定資産の減価償却の方法は，定率法（三重工場
　及び亀山工場の機械装置は定額法）によっております。
　ただし，平成10年4月1日以降に取得した建物（建物
　附属設備を除く）については定額法によっております。

(4)賞与引当金の計上方法は，将来の支給見込額のうち当
　期の負担額を計上する方法によっております。

(5)退職給付引当金の計上方法は，従業員の退職給付に備
　えるため，当期末における退職給付債務及び年金資産
　の見込額に基づき，当期末に発生していると認められ
　る額を計上しております。なお，会計基準変更時差異
　については，7年による按分額を費用処理しておりま
　す。過去勤務債務は，その発生時の従業員の平均残存
　勤務期間以内の一定の年数（16年）による按分額によ
　り費用処理しています。数理計算上の差異は，その発
　生時の従業員の平均残存勤務期間以内の一定の年数
　（16年）による按分額により翌期に費用処理していま
　す。

(6)消費税の会計処理は，税抜方式によっております。

(7)当期より連結納税制度を適用しております。

次に読むべき本のリスト

　財務会計の各領域を体系的に解説した本格的な文献には次のものがあります。

①伊藤邦雄『新・現代会計入門（第2版）』日本経済新聞社，2016年

②桜井久勝『財務会計講義（第18版）』中央経済社，2017年

③広瀬義州『財務会計（第13版）』中央経済社，2015年

　もう少し平易な内容のテキストを希望する人には，次の書物がよいでしょう。

④桜井久勝・須田一幸『財務会計・入門（第11版）』有斐閣，2017年

⑤武田隆二『会計学一般教程（第7版）』中央経済社，2008年

　簿記を通じて会計学を学習しようとする人には，次のテキストをおすすめします。とくに⑦は会計学の各領域を簿記を通じて3分冊で解説する体系的なテキストです。

⑥武田隆二『簿記一般教程（第7版）』中央経済社，2008年

⑦武田隆二『簿記Ⅰ・Ⅱ・Ⅲ（カラー版第5版）』税務経理協会，2009年

　日本企業の現実の会計処理や開示の事例研究に興味がある人は，次の文献をみて下さい。

⑧日本公認会計士協会（編）『決算開示トレンド』中央経済社，1998年から2007年まで毎年出版

　会計ルールの国際的統合に興味がある人には，次の書物をおすすめします。⑨は入門書，⑩は基本書，⑪は個々の会計基準の解説書，そして⑫は国際統合された会計基準の翻訳書です。

⑨飯塚隆ほか『IFRS［国際会計基準］の基本』日経文庫ビジュアル，2010年

⑩秋葉賢一『エッセンシャル IFRS（第5版）』中央経済社，2016年

⑪桜井久勝（編著）『テキスト国際会計基準（第6版)』白桃書房，2013年

⑫国際会計基準委員会財団（編），企業会計基準委員会（監訳），『国際財務報告基準（IFRS）2016』中央経済社，2016年

　財務諸表を利用して，企業の収益性や安全性などを評価する手法は，次の図書で体系的に解説されています。

⑬桜井久勝『財務諸表分析（第7版）』中央経済社，2017年

用　語　索　引 (50音順)

あ 行

預り金······················ 135
圧縮記帳··················· 107
後入先出法··················93
委託販売····················79
１年基準··················· 173
移動平均法··················94
インベスター・リレーショ
ンズ·······················18
受取手形····················82
受取配当金················· 130
受取利息··················· 130
売上原価··················· 170
売上債権····················81
売上総利益················· 171
売上高····················· 170
売上割引····················79
売上割戻····················78
売掛金······················81
営業外収益················· 170
営業外費用················· 170
営業循環····················73
営業循環基準··············· 173
営業利益··················· 171
オプション取引············ 128
オフバランス取引······ 128

か 行

買掛金····················· 134
開業費····················· 118
会計監査人················· 166
会計基準····················51
会計責任····················23
会計方針··················· 180
会社計算規則········55, 166
回収基準····················76
開発費····················· 118
貸倒引当金··········83, 141
貸付金····················· 121
課税所得····················27
加速償却法················· 113
割賦販売····················80
稼得資本··················· 156
株式交付費················· 117
株式払込剰余金········· 153
株主資本··················· 150
株主資本等変動計算書
·····················45, 175
借入金····················· 136
為替換算調整勘定······ 192
為替差損益··················83
監査役(会)·········21, 166
監査等委員会設置会社···22
勘定式··············· 171, 174
間接法····················· 194

204

用語索引

管理会計……………………14
関連会社………………… 186
期間的対応…………………60
企業会計……………………13
企業会計基準委員会……52
企業会計原則………………52
企業会計審議会……………52
基本財務諸表………………44
キャッシュ・フロー計算書
………………… 193
金庫株…………………… 125
金融資産……………………63
金融商品取引法……………24
偶発債務………………82, 143
繰越利益剰余金……… 157
繰延資産………………… 115
経営成績……………………35
計算書類………………… 166
経常利益………………… 172
継続企業の前提……… 179
継続記録法…………………90
継続性の原則………55, 180
決算整理……………………40
決算発表………………… 168
原価基準……………………64
原価計算……………………98
原価計算基準………………89
減価償却………………… 108
減価償却方法………… 109
減価償却累計額……… 110
原価配分……………………71
研究開発費…………… 118
現金および預金……… 122

現金主義会計……………57
減資………………… 155
減資差益………………… 156
建設仮勘定…………… 104
建設助成金…………… 107
減損………………… 114
現物出資……………… 106
減耗性資産…………… 104
工事完成基準……………79
工事契約……………………79
工事進行基準………………80
工事負担金…………… 107
公正価値……………………64
子会社………………… 186
国際会計基準………………65
国際財務報告基準………66
国庫補助金…………… 107
固定資産……………… 103
固定資産除却損……… 114
固定資産売却損益…… 114
固定負債……………… 133
個別財務諸表………… 185
個別的対応…………………60
個別法………………………92
コマーシャル・ペーパー
………………… 136

さ　行

債権と債務の相殺消去
………………… 187
財産法………………………43
最終仕入原価法…………95
財政状態……………………33

205

財務会計………………15	指名委員会等設置会社…21
財務諸表…………16, 168	社債………………136
財務諸表規則………55, 168	社債発行費等……118, 138
債務保証……………145	社債利息………………137
先入先出法……………92	収益………………34
先物取引……………128	収益的支出………107
残存価額……………108	修正国際基準………64
残高試算表……………40	重要性の原則………56
仕入割引………………88	受託責任………………22
仕入割戻………………88	出資金………………124
時価………………63	取得原価……………62
仕掛品………………87	純資産直入………129
事業報告……………166	純実現可能価額………62
事業用資産……………64	償却原価法……128, 138
自己株式……………125	償却資産………103
自己株式処分差益……156	少数株主持分………188
自己資本………31, 149	少数株主利益………190
資産………………31	試用販売………………79
資産除去債務…………106	商品………………87
試算表………………40	情報提供機能………24
資産評価基準…………63	正味売却価額………62
実現原則………………62	剰余金………………159
実地棚卸し……………91	仕訳………………37
支払手形……………135	仕訳帳………………37
資本………………31, 149	新株予約権………137, 151
資本金………………153	新株予約権付社債……136
資本金減少差益………156	真実性の原則………53
資本準備金…………153	スワップ取引………128
資本剰余金…………151	正規の簿記の原則………53
資本的支出…………107	税効果会計………160
資本と利益の区別の原則	生産基準………………75
………………54	生産高比例法………113
資本取引………………54	制度会計………………17

用語索引

税引前当期純利益…… 172
製品………………………87
製品保証引当金…… 143
税務会計…………………27
セグメント情報……… 195
相殺消去…… 187, 188, 189
増資………………… 153
総平均法…………………94
創立費………………… 118
遡及処理………………… 181
その他資本剰余金…… 156
その他の包括利益…… 177
その他利益剰余金…… 157
損益及び包括利益計算書
………………………… 177
損益計算書…………33, 169
損益取引…………………54
損益法……………………43
損失の処理…………… 160

た　行

対応原則…………………59
大会社………………… 166
貸借対照表…………32, 172
貸借対照表等式…………33
退職給付引当金… 142, 144
耐用年数……………… 108
棚卸計算法………………91
棚卸減耗費………………96
棚卸資産…………………87
棚卸評価損………………97
他人資本…………………31
単一性の原則……………56

注記………………… 179
直接法………………… 194
低価基準…………………97
定額法………………… 110
ディスクロージャー制度
………………………… 195
定率法………………… 110
手形遡求義務………… 145
手元流動性…………… 121
デリバティブ………… 128
転換社債……………… 136
転記………………………39
当期純利益…………… 172
当座資産……………… 121
投資者……………………25
投資その他の資産…… 105
投資と資本の相殺消去
………………………… 188
投資有価証券………… 125
特別損失……………… 170
特別利益……………… 170
トライアングル体制……17
取替原価…………………62

な　行

内部取引の相殺消去… 189
任意積立金…………… 158
のれん（暖簾）
………………… 105, 154, 189
のれん償却額………… 191

は　行

売価還元法………………95

207

配当金……………… 157
パーチェス法………… 154
発行可能株式数……… 152
発生主義会計…………58
発生原則………………60
払込資本……………… 149
販売基準………………75
販売費および一般管理費
………………………… 170
非営利会計……………14
引当金………………… 141
非支配株主持分……… 188
非支配株主利益……… 191
非償却資産…………… 104
費用……………………34
評価・換算差額等…… 150
評価性引当金………… 142
費用配分………………71
FIFO …………………92
複式簿記………………36
負債…………………31, 133
負債性引当金………… 142
附属明細表(書)……… 165
普通社債……………… 136
粉飾決算………………53
分配可能額…………… 159
平均原価法……………94
別途積立金…………… 158
包括利益……………… 177
包括利益計算書……… 177
報告式………… 171, 174
法定資本……………… 153
法定準備金…………… 158

保守主義の原則…………55

ま 行

前受金………………… 135
前受収益……………… 135
未実現利益の消去…… 189
未収金…………………81
未収収益………………82
未償却残高…………… 110
未払金………………… 135
未払費用……………… 135
無形固定資産………… 104
明瞭性の原則…………54
持分プーリング法…… 154
持分法………… 186, 191
持分法による投資利益
………………………… 191
元帳……………………39

や 行

役員賞与……………… 157
有価証券……………… 124
有価証券売却損益…… 130
有価証券評価損益…… 130
有価証券報告書……… 168
有価証券利息………… 130
有形固定資産………… 103
有限責任制度…………19
有利子負債…………… 135
予約販売………………79

ら 行

LIFO …………………93

208

用語索引

利益圧縮……………………50
利益準備金……………… 157
利益剰余金……… 151, 157
利益操作……………………49
利益捻出……………………49
利益留保性の準備金… 143
利害調整機能……………24
リース会計…………… 117
流動資産…………… 173
流動性配列法………… 174
流動負債…………… 133
留保利益…………… 156
連結株主資本等変動計算書
………………… 192
連結財務諸表………… 185
連結損益計算書……… 189
連結貸借対照表……… 187
連結調整勘定………… 188

日経文庫案内 (1)

〈A〉経済・金融

1	経済指標の読み方(上)	日本経済新聞社
2	経済指標の読み方(下)	日本経済新聞社
3	貿易の知識	小 峰・村 田
5	外国為替の実務	三菱UFJリサーチ&コンサルティング
6	貿易為替用語辞典	東京リサーチインターナショナル
7	外国為替の知識	国際通貨研究所
8	金融用語辞典	深 尾 光 洋
18	リースの知識	宮 内 義 彦
19	株価の見方	日本経済新聞社
21	株式用語辞典	日本経済新聞社
22	債券取引の知識	武 内 浩 二
24	株式公開の知識	加 藤・松 野
30	EUの知識	藤 井 良 広
32	不動産用語辞典	日本不動産研究所
35	クレジットカードの知識	水 上 宏 明
36	環境経済入門	三 橋 規 宏
40	損害保険の知識	玉 村 勝 彦
42	証券投資理論入門	大 村・俊 野
43	証券化の知識	大 橋 和 彦
45	入門・貿易実務	椿 弘 次
49	通貨を読む	滝 田 洋 一
52	石油を読む	藤 和 彦
56	デイトレード入門	廣 重 勝 彦
58	中国を知る	遊 川 和 郎
59	株に強くなる 投資指標の読み方	日経マネー
60	信託の仕組み	井 上 聡
61	電子マネーがわかる	岡 田 仁 志
62	株式先物入門	廣 重 勝 彦
64	FX取引入門	廣 重・平 田
65	資源を読む	柴 田 明 夫・丸紅経済研究所
66	PPPの知識	町 田 裕 彦
69	アメリカを知る	実 哲 也
69	食料を読む	鈴 木・木 下
70	ETF投資入門	カン・チュンド
71	レアメタル・レアアースがわかる	西 脇 文 男
72	再生可能エネルギーがわかる	西 脇 文 男
73	デリバティブがわかる	可 児・雪 上
74	金融リスクマネジメント入門	森 平 爽一郎
75	クレジットの基本	水 上 宏 明
76	世界紛争地図	日本経済新聞社
77	やさしい株式投資	日本経済新聞社
78	金融入門	日本経済新聞社
79	金利を読む	滝 田 洋 一
80	医療・介護問題を読み解く	池 上 直 己
81	経済を見る3つの目	伊 藤 元 重
82	国際金融の世界	佐 久 間 浩 司
83	はじめての海外個人投資	廣 重 勝 彦
84	はじめての投資信託	吉 井 崇 裕
85	フィンテック	柏 木 亮 二
86	はじめての確定拠出年金	田 村 正 之
87	銀行激変を読み解く	廉 了

〈B〉経　営

11	設備投資計画の立て方	久保田 政 純
18	ジャスト・イン・タイム生産の実際	平 野 裕 之
25	在庫管理の実際	平 野 裕 之
28	リース取引の実際	森 住 祐 治
33	人事管理入門	今 野 浩一郎
41	目標管理の手引	金 津 健 治
42	OJTの実際	寺 澤 弘 忠
53	ISO9000の知識	中 條 武 志
61	サプライチェーン経営入門	藤 野 直 明
63	クレーム対応の実際	中 森・竹 内
67	会社分割の進め方	中 村・山 田
70	製品開発の知識	延 岡 健太郎
73	ISO14000入門	吉 澤 正
74	コンプライアンスの知識	髙 巖
76	人材マネジメント入門	守 島 基 博
77	チームマネジメント	古 川 久 敬
80	パート・契約・派遣・請負の人材活用	佐 藤 博 樹
82	CSR入門	岡 本 享 二
83	成功するビジネスプラン	伊 藤 良 二
85	はじめてのプロジェクトマネジメント	近 藤 哲 生
86	人事考課の実際	金 津 健 治
87	TQM品質管理入門	山 田 秀
88	品質管理のための統計手法	永 田 靖

89 品質管理のためのカイゼン入門　山田　秀
91 職務・役割主義の人事　長谷川　直紀
92 バランス・スコアカードの知識　吉川武男
93 経営用語辞典　武藤泰明
94 技術マネジメント入門　三澤一文
95 メンタルヘルス入門　島　悟
96 会社合併の進め方　玉井裕子
97 購買・調達の実際　上原　修
98 中小企業のための事業継承の進め方　松木謙一郎
99 提案営業の進め方　松丘啓司
100 EDIの知識　流通システム開発センター
102 公益法人の基礎知識　熊谷則一
103 環境経営入門　足達英一郎
104 職場のワーク・ライフ・バランス　佐藤・武石
105 企業審査入門　久保田政純
106 ブルー・オーシャン戦略を読む　安部義彦
107 パワーハラスメント　岡田・稲尾
108 スマートグリッドがわかる　本橋恵一
109 BCP〈事業継続計画〉入門　緒方・石丸
110 ビッグデータ・ビジネス　鈴木良介
111 企業戦略を考える　浅羽・須藤
112 職場のメンタルヘルス入門　難波克行
113 組織を強くする人材活用戦略　太田　肇
114 ざっくりわかる企業経営のしくみ　遠藤　功
115 マネジャーのための人材育成スキル　大久保幸夫
116 会社を強くする人材育成戦略　大久保幸夫
117 女性が活躍する会社　大久保・石原
118 新卒採用の実務　岡崎仁美
119 IRの成功戦略　佐藤淑子
120 これだけは知っておきたいマイナンバーの実務　梅屋真一郎
121 コーポレートガバナンス・コード　堀江貞之
122 IoTまるわかり　三菱総合研究所

123 成果を生む事業計画のつくり方　平井・淺羽

〈C〉会計・税務

1 財務諸表の見方　日本経済新聞社
2 初級簿記の知識　山浦・大倉
4 会計学入門　桜井久勝
12 経営分析の知識　岩本　繁
13 Q&A経営分析の実際　川口　勉
22 原価計算の知識　加登・山本
41 管理会計入門　加登　豊
48 時価・減損会計の知識　中島康晴
49 Q&Aリースの会計・税務　井上雅彦
50 会社経理入門　佐藤裕一
51 企業結合会計の知識　関根愛子
52 退職給付会計の知識　泉本小夜子
53 会計用語辞典　片山・井上
54 内部統制の知識　町田祥弘
56 減価償却がわかる　都・手塚
57 クイズで身につく会社の数字　田中靖浩
58 これだけ財務諸表　小宮一慶

〈D〉法律・法務

2 ビジネス常識としての法律　堀・淵邊
3 部下をもつ人のための人事・労務の法律　安西　愈
4 人事の法律常識　安西　愈
6 取締役の法律知識　中島　茂
11 不動産の法律知識　鎌野邦樹
14 独占禁止法入門　厚谷襄児
20 リスクマネジメントの法律知識　長谷川俊明
22 環境法入門　畠山・大塚・北村
24 株主総会の進め方　中島　茂
26 個人情報保護法の知識　岡村久道
27 倒産法入門　田頭章一
28 銀行の法律知識　階・渡邊
29 債権回収の進め方　池辺吉博
30 金融商品取引法入門　黒沼悦郎
31 会社法の仕組み　近藤光男
32 信託法入門　道垣内弘人
34 労働契約の実務　浅井　隆

日経文庫案内　(3)

35 不動産登記法入門　山野目　章　夫
36 保険法入門　竹濵　修
37 契約書の見方・つくり方
　　　　　　　淵邊善彦
40 労働法の基本　山川隆一
41 ビジネス法律力トレーニング
　　　　　　　淵邊善彦
42 ベーシック会社法入門
　　　　　　　宍戸善一
43 Q&A部下をもつ人のための労働法改正
　　　　　　　浅井　隆

〈E〉流通・マーケティング
2 流通経済入門　徳田賢二
6 ロジスティクス入門　中田信哉
16 ブランド戦略の実際　小川孔輔
20 エリア・マーケティングの実際
　　　　　　　米田清紀
23 マーチャンダイジングの知識
　　　　　　　田島義博
28 広告入門　梶山　皓
30 広告用語辞典　日経広告研究所
34 セールス・プロモーションの実際
　　　　　　　渡辺・守口
35 マーケティング活動の進め方
　　　　　　　木村達也
36 売場づくりの知識　鈴木哲男
39 コンビニエンスストアの知識
　　　　　　　木下安司
40 CRMの実際　古林　宏
41 マーケティング・リサーチの実際
　　　　　　　近藤・小田
42 接客販売入門　北山節子
43 フランチャイズ・ビジネスの実際
　　　　　　　内川昭比古
44 競合店対策の実際　鈴木哲男
46 マーケティング用語辞典　和田・日本マーケティング協会
48 小売店長の常識　木下・竹山
49 ロジスティクス用語辞典
　　　　　　　日通総合研究所
50 サービス・マーケティング入門
　　　　　　　山本昭二
51 顧客満足［CS］の知識
　　　　　　　小野譲司
52 消費者行動の知識　青木幸弘
53 接客サービスのマネジメント
　　　　　　　石原　直
54 物流がわかる　角井亮一

55 最強販売員トレーニング
　　　　　　　北山節子
56 オムニチャネル戦略　角井亮一

〈F〉経済学・経営学
3 ミクロ経済学入門　奥野正寛
4 マクロ経済学入門　中谷　巌
7 財政学入門　入谷　純
8 国際経済学入門　浦田秀次郎
15 経済思想　八木紀一郎
16 コーポレートファイナンス入門
　　　　　　　砂川伸幸
22 経営管理　野中郁次郎
23 経営戦略　奥村昭博
28 労働経済学入門　大竹文雄
29 ベンチャー企業　松田修一
30 経営組織　金井壽宏
31 ゲーム理論入門　武藤滋夫
33 経営学入門（上）　榊原清則
34 経営学入門（下）　榊原清則
35 金融工学　木島正明
36 経営史　安部悦生
37 経済史入門　川勝平太
38 はじめての経済学（上）　伊藤元重
39 はじめての経済学（下）　伊藤元重
40 組織デザイン　沼上　幹
51 マーケティング　恩蔵直人
52 リーダーシップ入門　金井壽宏
54 経済学用語辞典　佐和隆光
55 ポーターを読む　西谷洋介
56 コトラーを読む　酒井光雄
57 人口経済学　加藤久和
58 企業の経済学　淺羽　茂
59 日本の経営者　日本経済新聞社
60 日本の雇用と労働法　濱口桂一郎
61 行動経済学入門　多田洋介
62 仕事に役立つ経営学　日本経済新聞社
63 身近な疑問が解ける経済学
　　　　　　　日本経済新聞社
64 競争戦略　加藤俊彦
65 マネジメントの名著を読む
　　　　　　　日本経済新聞社
66 はじめての企業価値評価
　　　　　　　砂川・笠原
67 リーダーシップの名著を読む
　　　　　　　日本経済新聞社
68 戦略・マーケティングの名著を読む
　　　　　　　日本経済新聞社

日経文庫案内 (4)

69 カリスマ経営者の名著を読む　高野研一
70 日本のマネジメントの名著を読む　日本経済新聞社
71 戦略的コーポレートファイナンス　中野　誠
72 企業変革の名著を読む　日本経済新聞社

〈G〉情報・コンピュータ

10 英文電子メールの書き方　ジェームス・ラロン

〈H〉実用外国語

5 ビジネス法律英語辞典　阿　部・長谷川
16 スピーチ英語の手ほどき　亀井尚己
17 はじめてのビジネス英会話　セイン／森田
18 プレゼンテーションの英語表現　セイン／スプーン
19 ミーティングの英語表現　セイン／スプーン
20 英文契約書の書き方　山　本　孝　夫
21 英文契約書の読み方　山　本　孝　夫
22 ネゴシエーションの英語表現　セイン／スプーン
23 チームリーダーの英語表現　デイビッド・セイン
24 ビジネス英語ライティング・ルールズ　森田／ヘンドリックス

〈I〉ビジネス・ノウハウ

2 会議の進め方　高　橋　　誠
3 報告書の書き方　安　田　賀　計
5 ビジネス文書の書き方　安　田　賀　計
8 ビジネスマナー入門　梅　島・土　舘
9 発想法入門　星　野　匡
10 交渉力入門　佐久間　　賢
14 意思決定入門　中　島　一
16 ビジネスパーソンのための書き方入門　野　村　正　樹
18 ビジネスパーソンのための話し方入門　野　村　正　樹
19 モチベーション入門　田　尾　雅　夫
21 レポート・小論文の書き方　江　川　　純
22 問題解決手法の知識　高　橋　　誠
23 アンケート調査の進め方　酒　井　隆

26 調査・リサーチ活動の進め方　酒　井　隆
28 ロジカル・シンキング入門　茂　木　秀　昭
29 ファシリテーション入門　堀　公　俊
30 システム・シンキング入門　西　村　行　功
31 メンタリング入門　渡　辺・平　田
32 コーチング入門　本　間・松　瀬
33 キャリアデザイン入門[I]　大久保　幸　夫
34 キャリアデザイン入門[II]　大久保　幸　夫
35 セルフ・コーチング入門　本　間・松　瀬
36 五感で磨くコミュニケーション　平　本　相　武
37 EQ入門　髙　山　直
38 時間管理術　佐　藤　知　一
40 ファイリング＆整理術　矢　次　信一郎
41 ストレスマネジメント入門　島・佐　藤
42 グループ・コーチング入門　本　間　正　人
43 プレゼンに勝つ図解の技術　飯　田　英　明
44 ワークショップ入門　堀　公　俊
45 考えをまとめる・伝える図解の技術　奥　村　隆　一
46 買ってもらえる広告・販促物のつくり方　平　城　圭　司
47 プレゼンテーションの技術　山　本　御　稔
48 ビジネス・ディベート　茂　木　秀　昭
49 戦略思考トレーニング　鈴　木　貴　博
50 戦略思考トレーニング2　鈴　木　貴　博
51 ロジカル・ライティング　清　水　久三子
52 クイズで学ぶコーチング　本　間　正　人
53 戦略的交渉入門　田　村・隅　田
54 戦略思考トレーニング3　鈴　木　貴　博
55 仕事で使える心理学　榎　本　博　明
56 言いづらいことの伝え方　本　間　正　人

日経文庫案内 (5)

57 ビジネスマンのための 国語力トレーニング　出口　汪
58 数学思考トレーニング　鍵本　聡
59 発想法の使い方　加藤昌治
60 企画のつくり方　原尻淳一
61 仕事で恥をかかない 日本語の常識　日本経済新聞出版社
62 戦略思考トレーニング 経済クイズ王　鈴木貴博
63 モチベーションの新法則　榎本博明
64 仕事で恥をかかないビジネスマナー　岩下宣子
65 コンセンサス・ビルディング　小倉　広

ベーシック版
マーケティング入門　相原　修
不動産入門　日本不動産研究所
日本経済入門　岡部直明
貿易入門　久保広正
経営入門　高村寿一
環境問題入門　小林・青木
流通のしくみ　井本省吾

ビジュアル版
マーケティングの基本　野口智雄
経営の基本　武藤泰明
流通の基本　小林隆一
経理の基本　片平公男
貿易・為替の基本　山田晃久
日本経済の基本　小峰隆夫
金融の基本　高月昭年
品質管理の基本　内田　治
広告の基本　清水公一
IT活用の基本　内山　力
マネジャーが知っておきたい 経営の常識　内山　力
キャッシュフロー経営の基本　前川・野寺
企業価値評価の基本　渡辺　茂
IFRS［国際会計基準］の基本　飯塚・前川・有光
マーケティング戦略　野口智雄
経営分析の基本　佐藤裕一

仕事の常識&マナー　山﨑　紅
はじめてのコーチング　市瀬博基
ロジカル・シンキング　平井・渡部
仕事がうまくいく 会話スキル　野口吉昭
使える！手帳術　舘神龍彦
ムダとり 時間術　渥美由喜
ビジネスに活かす統計入門　内田・兼子・矢野
ビジネス・フレームワーク　堀　公俊
アイデア発想フレームワーク　堀　公俊
図でわかる会社法　柴田和史
資料作成ハンドブック　清水久三子
マーケティング・フレームワーク　原尻淳一

桜井　久勝（さくらい・ひさかつ）

1952年	兵庫県生まれ
75年	神戸大学を卒業し，同大学院へ進学
77年	公認会計士試験第3次試験に合格
79年	神戸大学助手
92年	神戸大学より博士（経営学）の学位を取得
93年	神戸大学経営学部教授
2016年	関西学院大学商学部教授
主要著書	『会計利益情報の有用性』（千倉書房，1991年度日経・経済図書文化賞を受賞） 『財務会計講義（第18版）』（中央経済社，2017年） 『財務諸表分析（第7版）』（中央経済社，2017年） 『財務会計・入門（第11版）』（共著，有斐閣，2017年） 『テキスト国際会計基準（第6版）』（編著，白桃書房，2013年）

日経文庫1326

会計学入門

1996年11月11日	1版1刷
2015年1月15日	4版1刷
2017年3月14日	5刷

著　者　桜井　久勝 ©

発行者　斎藤　修一

発行所　**日本経済新聞出版社**

http://www.nikkeibook.com/
東京都千代田区大手町1-3-7　郵便番号100-8066
電話（03）3270-0251（代）

印刷・㈱ディグ　製本・大進堂
© Hisakatsu Sakurai, 1996
ISBN　978-4-532-11326-1

本書の無断複写複製（コピー）は，特定の場合を
除き，著作者・出版社の権利侵害になります。

Printed in Japan